인생은 긴 마라톤

인생은 긴 마라톤

ⓒ 류연수, 2025

초판 1쇄 발행 2025년 5월 8일

지은이   류연수
펴낸이   이기봉
편집   좋은땅 편집팀
펴낸곳   도서출판 좋은땅
주소   서울특별시 마포구 양화로12길 26 지월드빌딩 (서교동 395-7)
전화   02)374-8616~7
팩스   02)374-8614
이메일   gworldbook@naver.com
홈페이지   www.g-world.co.kr

ISBN   979-11-388-4231-0 (03360)

인생은 긴 마라톤

류연수 지음

어느 형사조정위원의 일기를 중심으로

좋은땅

머리말

이 책은 직장생활을 마치고 60대 후반에 시작한 검찰의 형사조정위원을 7~8년간 하면서 수많은 사람들이 삶의 과정에서 겪게 되는 사건에 대한 해결 방안의 하나인 형사조정제도를 통하여 당사자들과 합의를 조정, 중재하면서 경험하고 느낀 바를 중심으로 정리해 본 것이다.

글쓴이는 대학을 마치고 ROTC로 군 초급 장교생활을 '장교는 국제 신사다'라는 말을 마음속에 새기며 그에 걸맞게 병사들을 지휘. 교육, 감독하고, 20여 년간의 국책 금융기관에서 주로 은행 전반의 기획 업무와 고객의 민원을 담당하였으며, 1998년 IMF 금융위기 때는 대마불사(大馬不死)라는 금융기관조차 줄 도산한 부실 금융기관과 금융기관에 대하여 부실을 초래하게 한 경영진에 대한 책임 추궁과 부실 기업의 채무조정을 하였다. 한편 기업의 CEO 경험 등을 바탕으로 형사조정을 하면서 때로는 여러 가지 이유로 형사조정에 회의를 가지기도 하였지만 가끔씩은 조정 당사자들의 진심 어린 감사와 격려를 자양분 삼아 평생의 삶을 통하여 체득한 역량과 재능을 형사조정위원으로서 사회에 도움이 되는 사람이 되자하며 봉사하는 자세로 보람과 자긍심을 가지고 형사조정을 하고는 했다.

형사조정은 피해자와 가해자 사이의 관계에서 범죄 행위로 인하여 야기된 갈등을 해소하는 절차를 말하는 것으로, 형사상 문제와 관련된 명백한 사실관계를 전제로 이해관계 당사자인 가해자와 피해자 양측이 조정자인 형사조정위원이 진행하는 일정한 조정 절차에 참여하여 상호 대화

인생은 긴 마라톤

하고 논의함으로써 일정한 해결책을 모색하는 구체적 절차라고 이해할 수 있다. 형사조정의 특성은 모든 형사사건이 아니고 주로 재산 관련 범죄를 대상으로 하며 실무적으로는 사건 담당 검사가 당사자 간 합의가 보다 바람직할 것으로 판단되는 사건이 대상이 되며, 검사 등 공권력에 의한 분쟁의 해결이 아니라 민간 자율에 의하여 해결되는 분쟁조정절차이다. 해당 지역사회의 법조계 인사 및 나름대로 전문성 있는 인사들로 하여금 사건을 조정하게 하되 강제력은 없으며, 사건 당사자들은 본인의 의사에 의하여 조정을 받아들이거나 거부할 수 있다. 공권력에 의한 형사절차는 비용이 많이 들고 시간이 오래 걸리며 경직적인 반면 형사조정제도는 경제성, 신속성, 유연성의 특성을 지니며 전통적인 형사법체제를 대체하고 보완하는 대체적 분쟁해결제도라 할 수 있다.

법원에는 이런 말이 있다 한다. "명판결보다 합의 조정이 더 낫다"는 것이다. 이는 아무리 명판결이라 해도 타인에 의한 강제조정은 어느 한쪽에서는 불만이 있을 수 있음이며, 합의는 설령 만족스럽지는 못하다 하더라도 서로가 받아들일 수 있음이기 때문일 것이다. 그래서 합의한 사건은 항고나 상고가 없게 되는 것임은 당연하다 할 것이다.

나는 이 책의 제목을 "인생은 긴 마라톤"이라 하기로 했다. 형사조정에 참여하는 많은 청장년들이 과거 또는 현재에 저지른 잘못에 머무르지 않고 소위 말해 개과천선(改過遷善)하여 인생이라는 긴 마라톤과 같은 삶을 인내와 끈기와 희망을 가지고 더욱 힘내어 완주하여 Homo hundred(100세를 사는 인간) 인생의 남은 삶을 성공적으로 살았으면 하는 바람이기 때문이다.

인생은 지나고 보면 누구나 아주 짧다는 것을 알게 된다.

그래서 기원전 3세기에 히포크라테스는 "Life is short, art is long"이라 한 것은 아닌가!! 여기에서 ART의 원래 의미는 그의 업적이라 한다. 삶의 과정에서 많은 사람들이 고의이든 실수이든 사건들을 마주하게 되며, 이것을 어떻게 지혜롭게 해결하며, 이를 남은 인생에 어떻게 반영하고 대처하는가의 능력에 따라 그 사람의 미래는 달라진다고 생각된다. 어떤 사람은 실패를 성공의 단초로 삼고, 어떤 사람은 계속적으로 같은 잘못을 저지르기도 한다. 현대문명의 이기인 자동차의 이용 시에도 본인의 잘못이든 타인의 잘못이든 교통사고의 당사자일 수 있으며, 돈을 선의에서 빌렸는데 뜻하지 않은 사유로 갚지 못하여 사기죄로 고소되며, 남녀 간에 잘 사귀다가 사이가 틀어져서 스토킹 성범죄로 다스려지고, 근로자에게 임금을 주지 않아 피의자가 되기도 하는 등 이루 말할 수 없는 범죄에 노출될 수 있는 것이다. 심지어는 학교 선생님의 학생들에 대한 훈육 차원의 언행이 폭행죄로 형사조정에 넘어오기도 한다.

많은 사람들이 학생시절에 오답노트를 작성한 경험이 있을 것이다. 틀린 문제를 모아 다시는 틀리지 않도록 하는 것이다. 사람은 잘못을 통하여서도 배울 수 있어야 한다. 그래서 공자의 논어에서는 '세 사람이 걸으면 반드시 거기에 나의 스승이 있다' 한 것으로 이해되고, 많은 우수한 기업에서는 경험이 많은 경륜 있는 사람과 인간관계가 좋은 원만한 사람을 찾는 것이라고 생각한다. 실패는 성공의 어머니라는 말도 있지 않은가?

한편 이 책의 내용은 글쓴이가 형사조정위원을 하면서 겪었던 사건을 큰 줄거리를 해하지 않는 범위 내에서 일부 내용을 임의 변경하여 혹시 있을 수 있는 사건 당사자인 피해자, 피의자의 2차 피해와 검찰의 정보 보호에도 노력하였음을 밝혀 둔다.

이 책을 내기까지 많은 사람들의 도움에 감사를 드린다.

우선 나의 경험과 성품을 믿어 주어 형사조정위원으로 적격이라며 형사조정제도를 소개해 준 고등검사장 출신의 김강욱 변호사님과 검사장 출신의 위재천 변호사님에게 감사를 드리고, 아울러 조정사건에 실질적으로 관여하고 좋은 자료 수집에 많은 수고와 조언을 아끼지 않은 간사 조정위원인 김민석 행정실장님, 법률적 문제에 대한 조언은 물론 힘들고 어려울 때 함께 커피도 나누며 많은 격려를 해 주신 이덕기 변호사님, 그리고 이 시간에도 사건 당사자와 라포 형성에 노력하며 수많은 애환을 같이하는 동료 형사조정위원님께도 머리 숙여 그 노고에 감사하다는 말을 전하고 싶다. 아울러 원고 정리에 도움을 준 사랑하는 맏딸 여울, 피곤할 때 재롱으로 피곤을 덜어준 손녀 하윤, 영양이 부족할 때마다 맛있는 음식을 제공한 아들 대근, 몸이 불편한 남편을 마다 않고 씩씩하게 가정을 부양하면서도 멀리 미국에서 사랑스럽게 안부를 물어 오는 나의 망둥이(나는 막둥이를 이렇게 부르곤 했다) 보람이, 그리고 항상 속 좁다 하면서도 참아 주고 보살펴 주는 사랑하는 아내 이정진 감고(감탄고토(甘呑苦吐)의 줄임말) 여사에게 고마움을 표한다.

끝으로 이 책이 나올 때까지 시종일관 최선을 다해 주신 좋은땅 출판사 이기봉 대표이사님과 손창옥 매니저님을 비롯한 직원들에게 경의를 표한다.

목차

1.

남편은 미워도 자식에게 피해 주지 않고 싶다

이 사건은 한국인 남편이 베트남 출신 아내에 대한 잦은 폭행으로 폭행
죄로 입건된 사건이다. 부인인 베트남 여성은 전 남편과 낳은 딸을 한국
인 남편과 결혼하면서 입양하였으며 둘 사이에는 아들 하나가 있었다.

피해자인 베트남 여성은 남편이 경제력도 없다며 합의금도 필요 없고
이혼만 해 주면 된다고 하였다. 나는 이혼과 폭행은 별개라고 설명하였으
나 감정의 골이 깊은 피해자는 이혼만 해 준다면 합의하겠다는 주장을 바
꾸지 않았다. 한편 한국인 남편은 결혼할 때에 전 남편의 딸도 입양해 주
었고 폭행은 부인이 베트남에서 다른 남자를 만나서 그런 것이라며 증거
동영상도 있다며 이혼해 줄 수 없다고 하였다. 나는 서로의 감정이 너무
쌓여 쉽사리 합의가 이루어지지 않을 것으로 생각되어 10여 일 후에 다시
전화 조정을 할 터이니 그때까지 서로들 많이 생각해서 좋은 결말이 났으
면 한다 하고 일단 감정을 추스를 시간을 주었다.

10여 일 후에 조정에 앞서 무슨 전략으로 합의를 이끌지 하고 궁리를 하
였다. 나는 모든 어머니가 희생적인 자식 사랑의 모성애에 호소해 보기로
했다. 먼저 피해자인 부인에게 전화를 걸어 어머님 지금 자식들은 누구와
살고 있나요 하니 남편이랑 살고 본인은 혼자 따로 원룸에서 살고 있다고

하였다. 그럼 남편이 재력이 있느냐 하니 별로라고 한다. 때는 이때였다 그러시면 이혼은 폭행과 별개이니 따로 가정법원에 이혼소송을 진행하고 폭행에 대해서 먼저 합의하기를 권하면서, '만일 서로 합의가 안 되면 남편은 폭행으로 벌금처분을 받게 되어 결국에는 아이들에게 먹고 입힐 돈이 없게 됩니다. 남편이 밉더라도 합의가 되면 벌금처분을 받지 않게 되어 아이들이 더 먹고 더 입을 수 있지 않을까요' 하니 조금 생각을 하더니 이혼소송은 이미 접수했다고 말하며 그럼 아이들을 봐서 조건 없이 합의 하겠다고 하며 남편에게는 이번 한 번만 아이들을 봐서 조건 없이 합의하는 것이니 다시는 폭행하지 말라고 주의를 해 달라고 하였다. 이번 사건은 모성애를 활용한 전략의 성공으로 조정이 성립된 것이다라는 생각이 들었다. 피의자인 남편에게 전화를 걸어 상대방의 아이들을 위한 조건 없는 합의 의사를 전하며 이후에는 다시는 폭행하지 말고 기회가 되면 부인에게 고맙다고 전화라도 하라 하며 부인도 타국에서 얼마나 외롭고 힘들지 않겠느냐 조금 더 감싸 주고 잘못했다 하며 달래 보라 하며 조정을 끝냈다.

　세상의 모든 어머니의 모성애는 국경을 넘고 거의 본능적인 것 같다. 그래서 여자는 약하지만 어머니는 강하다는 말이 있음이겠다. 어머니들이여 그대는 참으로 위대하십니다. 이 사건은 나로 하여금 시골 깡촌에서 9남매를 키워 내신 우리 어머님 생각을 떠오르게 했다. 항상 인자하시며 웃으시는 모습 많이 보고 싶습니다. 살아 계셨을 때에 더 살갑게 잘 해 드리지 못하여 죄송할 뿐입니다. 이제 어머님이 그토록 사랑하신 하나님과 하늘나라에서 편히 쉬십시오. 어머님 고맙고 감사하고 수고하셨습니다.

벌금은 상속되지 않는다며 양심을 팔다

오늘의 사건은 노인복지관에서 90줄의 할아버지가 지팡이로 다른 할아버지를 후려쳐 안구 손상으로 4주의 진단을 받은 상해사건이다.

가해자와 피해자가 연로하여 그 자녀들이 조정당사자로 지정되었으며 피해자 측은 합의금으로 1,000만 원을 요구하였으며 가해자의 아들은 치료비는 당연히 배상하겠다고 하면서 치료비 정도만 합의금으로 주겠다며 치료비 증빙서를 요구하였다. 법원에서의 조정은 서로 조정이 이루어지지 않는 경우 최종적으로 판사의 판결의 기초가 되는 치료비 등의 증빙서가 필수적으로 요구되나 검찰에서의 합의는 검사가 결정하는 것이 아니라 양 당사자가 합의하여 정하여야 하기에 치료비 등의 증빙서가 필수적 사항은 아니나 피해자 측에 협조를 요청하겠다고 말했다.

피해자 측은 만일 가해자 측으로부터 합의금을 받지 못해도 민사소송으로 진행할 뜻이 없다는 의사였으며 나는 조정위원으로서 피해자에게 치료비 등에 소요된 비용을 지급하는 것이 현실적으로 도움이 될 것으로 생각되어 몇 차례 당사자들을 설득하여 간신히 300만 원에 합의하기에 이르렀다. 그러나 가해자 측은 입금 약속일이 지났음에도 합의금을 입금하지 않아 그 이유를 물은 즉 가해자의 아들은 아버지 연세가 90세가 넘었으며 벌금은 상속되지 않는다며 합의금을 입금할 뜻이 없다고 했다. 처음 조정할 때의 치료비 정도는 당연히 주겠다는 자세에서 전혀 주지 않겠다고 돌변한 것이다. 아마 가해자인 부친의 연세가 고령이어서 조금만 버티면 벌금은 상속되지 않는다는 것을 인터넷 등을 통하여 알고는 당초의 뜻을 바꾼 것 같았다. 나는 "어이 젊은 친구 법보다 양심으로 사는 거야"라고 거의 입 밖으로 크게 소리가 나오려는 것을 가까스로이 참았다. 나는 조금이라도 피해자에게 치료비를 지원하고자 200만 원이라도 가능한지 물으니 그냥 벌금 받겠다고 하였다.

하는 수 없이 피해자 측에 사실을 알리고 잘 대응하도록 안내하였는데 피해자 측은 처음에 얘기한 대로 민사소송까지는 제기하지 않겠다면서 엄벌탄원서만 제출하겠다고 하여 그 절차를 안내해 주는 수밖에 다른 도움을 줄 수가 없어 안타깝기가 그지없었다.

법은 다른 사람에게 피해를 주는 경우 제재를 하는 최소한의 사회적 규제인 것이다. '세상을 사는 데 법보다는 사람의 도리와 양심으로 사는 것인데. 조금이라도 양심이 있으면 적어도 치료비 정도는 주어야 하지 않아 젊은 친구야' 하며 꾸지람을 하고 싶은 마음을 자제하며 혼잣말로 "하늘을 우러러 부끄러움 없는 삶을 살게나 젊은 친구야 아이들이 본받는 거야. 아니 벌써 그 생활태도를 자네의 아이들이 본받고 있을 거야. 뿌린 대로 거둔다는 말도 듣지 못했느냐, 사필귀정(事必歸正)이라는 말도 알지 못하는가"라고 혼잣말로 중얼거리며 씁쓸하게 조정을 마쳤다.

　　　　　　　　　　　　　　　　　　　　　　인생은 긴 마라톤

3.

아전인수(我田引水) 격 법조항 해석
무리한 합의금 요구

　일반적으로 스토킹 사건은 가해자가 남자이고 피해자가 여자인데 이 사건은 반대였다. 조정기일을 통지하자마자 피해자의 변호사가 전화를 걸어왔다. 관련 법이 작년 말에 개정되었는데 공무원 신분으로 스토킹 벌금이 100만 원 이상이면 당연면직임을 피의자에게 주지시켜 달라며 합의금으로 억대를 요구하였다. 우리 청은 비대면 전화 조정이 우선이었으나 당사자 모두가 출석 대면 조정을 원하면 대면 조정을 하는 시스템이었다. 피의자도 조정일을 통지하자마자 곧 바로 전화를 걸어와서는 공무원이라며 울먹이며 대면 조정을 원한다고 하였으나 하였으나 피해자 측이 대면 조정에 동의하지 않아 전화 조정을 할 수밖에 없었다.

　나는 피의자에게 피해자의 합의금 요구액이 억대이며 벌금이 100만 원 이상이면 당연면직임을 주지시켜 달라 한다고 전하며 앞으로 조정일까지는 일주일 정도의 시간적 여유가 있으니 주위의 도움을 받아 피해자 측의 당연면직 주장과 합의금 수준에 대해 심사숙고하여 조정에 임해 줄 것을 당부하였다.

　스토킹 등 성 관련 사건은 거의 모두 피해자가 여성이어서 여성위원이 전담하여 조정에 나섰다. 피해자 측은 벌금이 100만 원을 넘게 되면 당연면직이라고 주장하며 합의금을 억대로 요구하는 것에 대하여 이 사건을 담당하고 있는 여성조정위원은 스토킹으로 그 정도까지 합의한 선례가 없다며 합의금 수준을 낮출 수 없느냐고 설득도 하고 사정도 하여 겨우 8천만 원으로 낮출 수 있었다. 한편 피의자 측은 2~ 3천만 원 선에서 합의할 수 있겠다고 하였다. 우리 조정위원은 피해자의 합의금 수준이 너무 많다고 판단되어 당분간 피의자의 합의금 수준을 피해자 측에 전하지 말자고 한 후 좀 더 숙려 시간을 가지기로 하며 1차 조정을 마쳤다.

　이러저러한 이유로 이 사건을 내가 담당하게 되었다. 나는 간사 조정위원과 함께 관련 법규 등을 검토한 바 피해자 측이 주장하는 당연면직은 공무원의 신규 임용 시에 적용되는 조항으로 판단하였다. 한편 다른 법률 전문 조정위원의 조언을 들으면 5천만 원 수준을 권고하기도 하고 어떤 대학교수 조정위원은 피해자 본인이 스토킹을 피할 수 있는 메일 차단 등의 조치를 하지 않는 등의 태도를 지적하며 많아야 2천만 원이면 좋겠다고 조언하기도 하였다. 나는 '아니 이 정도의 스토킹으로 평생직장을 잃는 당연면직이 된다면 사회 정의상으로도 있을 수 있는 것이냐 아무리 공무원이라 해도 당연면직까지 하는 것은 공무원 신분이 파리 목숨 아니냐 억울해서 어떻게 공무원 생활을 하겠는가' 하는 생각이 들었다. 옛 국책은행에서 근무할 때 징계의 적용은 공무원에 준해서 처벌한다는 조항이 생각났다. 나는 여러가지 사정을 종합하여 판단해 볼 때 피해자 측이 너무 과도하게 합의금을 요구한다는 생각이 들어서 합의가 안되면 조정을 불성립처리하고 법원의 판단까지도 불사한다는 마음으로 조정에 임하자고 생각하며 피해자 측의 변호사에게 피의자 측이 공무원이라 주위의 법률전문가에게 조언을 받고 합의금을 피의자가 제시한 최저선인 2천만 원까지

다라고 전하며 피해자인 의뢰인과 협의하여 최종 수용 여부를 알려 달라고 전했다. 하루 후에 연락이 왔다. 피해자 측 변호사는 우리 측이 그래도 피해자인데 피의자의 주장을 그대로 받기는 어렵다며 '2천만 원은 그러니 2,500만원으로 합시다' 하였다. 나는 내심 피의자가 제시한 조정권에 들어와서 조정이 성립될 것으로 기쁘게 생각했으나 일부러 난색을 표하며 상대방이 최고 2천만 원이라 했으니 다시 조정할 수 있는지 알아보고 연락을 준다고 했다. 그리고는 일부러 한나절을 보낸 후 피의자에게 2,500만 원에 합의하자고 하니 땡큐였다. 사실 피의자는 조정위원인 나에게 최고 3,000만 원까지로 해결해 달라고 부탁했던 것이어서 합의금의 조정은 의외로 쉽게 이루어졌다. 한편 피해자가 요구하는 각서는 의례적이고 선언적인 것이었기에 문제가 되지 않을 것으로 생각되었으나 피의자는 피해자가 요구하는 내용의 각서가 너무 과한 요구라고 생각이 들었던지 일부 조항에 이의를 제기하여서 나는 각서는 선언적 의미이며 또 향후에는 그 사람과 엮일 일이 없지 않느냐 하고 그냥 피해자의 요구대로 각서를 작성해 주고 넘어가자 하며 만일 피해자 측이 이것을 빌미로 합의를 안 한다고 하면 또 어려워질 수 있다고 하여 원안대로 각서를 작성, 제출받아 또 한 고비를 넘겼다. 문제는 마지막 합의금의 입금이었다. 피의자는 합의금은 준비되어 있다고 하여 금방 입금될 줄 알았으나 수차례 전화와 문자를 하였는데도 입금하였다는 연락이 오지 않았다. 하루가 지나 피의자로부터 연락이 오는데 모바일 폰에 문제가 생겨서 전화도 받지 못했고 문자도 보지 못했다며 미안하다며 합의금은 입금했다고 하였다. 피해자로부터 입금 확인을 받고 합의서를 제출받은 후에 간사 조정위원에게 합의금 입금 사실을 알리며 서로 앓던 이가 빠졌다고 하며 조정을 마쳤다.

상대방이 궁박한 처지에 있다하여 아전인수(我田引水) 격으로 법을 해석하여 무리하게 합의금을 요구한다면 사회 정의에도 맞지 않는다고 생각되며 자칫 합의에 이르지 못하면 그 기나긴 민사소송의 절차에 휘말릴 수 있으며 경제적 사회적 비용 등을 고려하면 반드시 피해자에게 이롭다고 할 수 있을지 모를 일이다. 오히려 적정 수준의 합의를 통해 사건을 빨리 정리하고 본연의 일에 집중하는 것이 더 현명하지 않을까 한다. 그리고 존경하는 법률전문가인 변호사들도 의뢰인을 위하여 일한다고 하나 상대방의 궁박을 이용하여 사회통념에 벗어나는 과도한 합의금 요구는 자제되는 문화가 조성되었으면 좋으련만 하는 설익은 생각을 해 봤다. 모든 조정위원들이 상대방들과 좋은 라포를 형성하며 조정 성립에 너무 얽매이지 말고 건전한 합의 문화를 조성하는 역할을 할 수 있도록 끊임없이 자기 성찰과 조정 역량을 높여 형사조정제도를 도입한 취지를 살릴 수 있어야 한다는 생각이 들게 하는 사건이었다.

인생은 긴 마라톤

4.

분실한 나에게도 책임 있다

오늘의 사건은 길거리에서 모바일 폰을 습득하여 돌려주지 않아 점유이탈물횡령죄로 송치되어 온 비교적 단순한 사건이었다.

조정일에 먼저 피해자에게 합의 의사를 물으니 모바일 폰을 반환받았으나 새로운 폰을 이미 구입하여 사용하고 있다며 피의자가 다시는 그런 일을 하지 않도록 경종을 울리기 위해서라도 합의금 50만 원을 요구한다고 하였다. 한편 피의자는 내 실수로 바로 돌려주지 못했다며 과오를 인정하고 생각할 시간을 달라고 하였다.

며칠 후에 피의자가 전화를 걸어와 합의금 50만 원을 수용하겠다고 하여, 피해자에게 합의금 입금 계좌를 달라고 하니 피해자는 뜻밖에 잃어버린 나에게도 일말의 책임이 있으며 모바일 폰도 새 버전으로 구입할 때가 됐다며 조건 없는 합의를 하겠다고 하였다. 나는 피해자의 심경 변화가 궁금해서 왜 며칠 전에는 합의금 50만 원을 요구하지 않았느냐고 물으니 피해자는 그때는 검찰이라 하여 엉겁결에 합의금을 요구했다며 생각해 보니 모바일 폰도 새 버전으로 바꿀 때가 넘어 새것으로 사려고 하던 참이었고 나에게 실질적인 아무 손실도 없는데 상대방에게서 합의금을 받는다는 것이 양심의 가책을 느끼게 하였다고 하였다. 나는 요즈음 보기 드문 분이라며 아름다운 마음씨에 감사하고 복 받을 것이라며 상대방에게 선생님의 뜻을 꼭 전달하겠다고 하였다. 피의자에게 위 사실을 알리며 다시는 길가에 떨어진 물건이라 해도 남의 물건에는 눈길도 주지 말라고 하니 피의자는 피해자에게 꼭 감사하다고 전해 달라 하여 조정이 성립되었고 동료 조정위원들도 요즈음 보기 드문 훌륭한 피해자라며 칭찬과 찬사를 보낸 것은 물론이다.

요즈음 무슨 일이든지 내 책임이 아니고 네 책임이다 하는 풍조인데 특히 정치권에서는 모든 것이 상대방 때문이라고 하는 것을 누구나 다 알고 있을 것이다. 그러나 손바닥이 마주쳐야 소리가 난다고 하는 것처럼 나에게도 정도의 차이는 있겠지만 책임이 완전히 없다고는 하지 못할 사건이 많이 있는 것이 사실이다. 우리 속담에도 '잘 되면 내 탓, 못 되면 조상 탓'이라는 말이 있다. 우리는 남의 탓을 하기 전에 나부터의 원인을 찾아 책임지려는 자세가 필요하다 하겠다.

기독교의 발상지인 이스라엘에서도 잘 되면 내 탓이며 못 되면 하나님 탓이라고 한 지도자가 많았다고 한다. 그러나 하나님 탓이라고 한 지도자는 종국에는 하나님을 배반하는 멸망의 길로 나아갔음을 성경은 말하고 있다고 우리 목사님께서 힘주어 강조하셨던 기억이 떠올랐다.

인생은 긴 마라톤

5.

합의금을 세 번씩 돌려주며
합의를 거부하다

이번 사건의 피의자인 남자와 피해자인 여자는 서로 잘 아는 사이로 잦은 남자의 폭행으로 야기된 사건이었다.

피해자인 여성은 상대방이 자주 폭행한다면서 이번에는 용서하지 않겠다고 하며 합의 의사가 없다고 하였다. 나는 그래도 적당한 합의금을 받으면 상대방에게도 경종을 울릴 수 있고 두 사람의 관계도 복원될 수 있지 않겠느냐 하니 조금 생각하더니 합의하겠다 하여 '그럼 합의금은 얼마나 원하느냐' 하니 합의금은 상대방에게 얼마를 주고 싶은지 물어보라는 것이다. 이때는 조정위원은 마음은 편하지 않지만 시키는 대로 따를 수밖에 없게 된다. 상대방에게 전화를 걸어 피해자의 주장 요지를 전하니 합의금으로 100만 원을 주겠다고 하며 계좌도 알고 있다고 하였다. 상대방의 계좌 번호를 알고 있는 등 여러 정황을 보니 보통 사이가 아닌 많은 남자들이 부러워하는 가문의 영광? 사이임을 알 수 있었다.

며칠이 지난 후 피의자인 남성에게 입금 여부를 물으니 입금했는데 돌려보내 왔다고 하였다. 피해자가 합의금이 적다고 생각했든지 합의할 마음이 바뀌었든지 둘 중 하나일 것이리라는 생각이 들었다. 피의자인 남자는 며칠만 시간을 주면 다시 설득하여 합의를 해 보겠다 하여 그렇게 하시고 그 결과를 알려 달라고 하였다. 10여 일 후에 피의자는 합의금을 다시 보냈는데 이번에는 전번보다 합의금을 조금 더 보냈다고 했다. 그래서 피해자에게 합의금을 받았으면 합의서를 보내 달라 하니 이번에도 다시 돌려보냈다고 했다. 피의자에게 이젠 할 수 없이 조정불성립으로 처리할 수밖에 없다고 하니 피해자가 부친상이 나서 지금 상가에 조문하러 간다며 발인 후에 다시 합의해 달라고 할 터이니 10여 일 말미를 달라 하여 나는 조문까지 가면 합의가 될 수도 있겠다 싶어 이번이 마지막 기회이니 꼭 합의할 수 있기 바란다고 하였다.

과연 10여 일 후에 피의자로부터 200만 원을 입금했다고 연락이 왔다.

나는 피해자에게 합의서를 보내 달라고 하니 감감무소식이다 전화도 받지 않고 문자를 해도 답이 없었다. 할 수 없이 피해자에게 "합의를 원하시면 00월 00일까지 합의서를 보내 주시고 합의를 하지 않으려면 합의금을 돌려주시라"고 문자를 보냈다. 그러나 돌아온 답은 합의금을 다시 돌려줬다면서 합의를 하지 않겠다는 문자가 왔다. 나는 "양측의 합의가 이루어지지 않아 부득이 조정불성립으로 처리합니다"라 전하고 조정을 마무리할 수밖에 없었다.

서로가 존중하고 배려가 없음은 물론 심지어는 폭행까지 하여 합의금을 세 번씩이나 반환하였으니 특별한 사정이 없는 두 사람의 관계는 정리되었을 것이라는 생각이 들었다. 아무리 가까운 사이라 할지라도 서로 간에 존중하여야 하고 기본적인 것은 지키며 배려하여야 관계가 지속될 수 있음을 가르쳐 준 사건이었다. 가까운 사람은 물론 부부 간에도 최소한의 예의는 지켜야 함은 당연하다. 나도 가끔씩 정떨어지는 말을 한다고 아내로부터 꾸지람?을 받고 있음을 떠올리며 아내에게 더 배려하며 살아야겠다 하는 마음을 가지게 하는 사건이었다.

6.

빵에 갔다 왔다는 피의자를 배려한
피해자님 고맙고 감사합니다

피의자는 20대의 남자로 벤츠 승용차로 신호 대기 중이던 또 다른 벤츠 차량의 뒤를 들이받아 200만 원 상당의 차량 수리를 요하는 피해를 입힌 사건이었다.

두 당사자는 어렵게 200만 원에 합의를 하고 계좌 입금하기로 하였는데 합의한 입금일에 입금하지 않아서 피의자에게 십여 차례 전화와 문자를 발송했으나 응답이 없어 "00일까지 입금하지 않으면 조정 불성립할 수밖에 없다"고 문자를 보냈어도 여전히 함흥차사였다. 그런데 어느 날 아침에 출근해서 태블릿을 점검해 보니 어젯밤 11시경에 전화가 온 것이 있어 확인해 보니, 아니 그렇게 연락이 안 되던 벤츠 차량 피의자였다. 기대 반 우려 반으로 전화를 하여 간단한 인사를 나누고 "왜 그렇게 전화도 안 받고 문자도 답이 없느냐"고 힐난조로 얘기하니 "저 빵에 갔다 왔는데요!!" 하고 천진난만하고 씩씩하게? 답했다. 말하는 모습에 어이없기도 애잔하기도 하고 측은한 마음도 들었다. 그래도 할 일은 해야지 하며 합의금은 언제 입금하겠느냐 하니 "합의금을 보내야 하는데 일도 못 해서 금방은 안 되는데요?" 한다. 그럼 좀 시간을 주면 다음 달 중에는 입금할 수 있느냐 물으니 "그렇게 하겠습니다." 했다. 나는 피해자가 연장에 동의를 해

인생은 긴 마라톤

주면 내부 협의를 거쳐 조정시한을 한 달 연장해 주겠다고 했다. 내친김에 피해자에게 전화를 걸어 모르는 체하며 혹시 합의금이 입금되었느냐고 물으니 당연히 "아직 입금 안 됐어요." 한다. 나는 피의자의 사정을 요약하여 전하며 피해자가 진정으로 벤츠를 탈 만한 사람인지 알아보고 한편으로는 피의자의 어려운 사정도 돕고 싶어졌다. 나는 피해자에게 전화를 걸어 "그런데 좀 부탁드릴 게 있어요 합의금을 조금 조정해 주실 수 있는지요." 하고 조심스럽게 물었다. 그는 바로 "그 친구 벤츠 타던데요. 수리비가 200여만 원이나 들었는데요." 하며 거절하였다. 경찰의 송치결정서를 살피니 과연 수리비가 200여만 원으로 조사되어 있었다 그런데 일단 말이 나왔으니 한 번 더 용기를 내어 보기로 하고 다시 물었다. "선생님 경찰의 송치결정서상에도 수리비가 200만 원 정도 들었다고 기재되어 있네요. 그런데 피의자가 일용근로자로 적당한 일자리도 없다 하며 약속된 입금일에 입금하지 못한 것도 그동안 빵에 갔다 왔다고 합니다. 그 친구 이제 20대입니다. 소위 말해 폼만 잡는 젊은이인 것 같아요. 선생님도 그런 젊은 친구들 많이 있는 것 아시지요?" 하니 잠시 생각하더니 "네 그렇게 하겠습니다." 하였다. 나는 "고맙습니다. 감사합니다. 역시 벤츠 타실 만한 자격이 있습니다." 한 후에 기쁜 소식을 빨리 피의자에게 전하고 싶어 곧 바로 피의자에게 전화를 걸면서 이 친구 연장해 주고 합의금을 낮춰 줘도 입금하지 않으면 어떡하지 하는 생각이 머리를 스쳤다. 나는 마음속으로 '할 수 없지 트릭을 좀 써야지, 이 친구가 합의금을 낮춰 달라 하지도 않았잖아.'라고 중얼거리며 피의자에게 전화를 걸어 피해자에게 사정을 얘기하여 합의금을 50만 원 낮췄어요. 그런데 약속한 날짜에 입금을 하면 150만 원으로 합의하고 그렇지 않으면 다시 200만 원이라 합니다. 젊은 친구는 생각지 않은 50만 원을 벌었다 생각해서인지 "고맙습니다. 꼭 입금할게요." 하였으며 다행히 피의자는 약속한 날짜에 합의금을 입금하여 조정이 잘 이루어졌다.

조정을 하다 보면 피해자나 피의자의 사정 변경으로 합의금 변경을 요구할 때가 가끔씩 있게 된다. 우리 일상에서도 예측하지 못한 사정으로 당초 계획대로 되지 않는 경우가 종종 있음을 경험적으로 알고 있다 이때는 보다 열린 마음으로 유연성을 가지고 상대방의 사정 등을 배려하며 역지사지(易地思之) 해 보는 자세가 필요함을 알게 하는 사건이었다.

다시 한번 합의금을 배려해 준 피해자에게 고마움과 감사하다는 뜻을 전하고 싶고 아울러 피의자도 실속 없이 허세 부리지 않는 진술하고 겸허한 삶을 살기 바라면서 더 배운 사람, 더 지위가 높은 사람, 더 많이 가진 사람들이 그렇지 못한 사람들을 배려하며 더불어 함께 사는 아름다운 사회가 될 수 있다면 그들이 진정으로 존경받으며 훈훈한 사회가 될 것이리라는 생각을 하며 조정을 마무리했다.

피의자를 울리다

　가정집에서 피아노 선생을 두고 음악학원을 운영하던 중 그 선생의 임금을 주지 못해 근로기준법 위반으로 입건된 사건으로 체불 임금은 200만원 정도였다. 양측 모두 3~40대의 젊은 사람들이었다.

　다행히 합의에 이르렀고 입금기일이 잡혔으나 피의자가 입금을 한다고하기를 수차례 하고 조정기일을 연장하고도 차일피일하며 최종 기한이 다가오도록 입금하지 않았다. 나는 이제는 더 이상 안 되겠다 싶어서 최종적으로 기회를 주고 정리해야지 하고 문자를 보냈다 "00일까지 입금하지 않으면 합의 의사 없는 것으로 알고 부득이 조정불성립으로 처리하겠습니다." 하고 일주일 정도 말미를 주었다. 하루가 지난 후에 생각지 않게 피의자로부터 장문의 문자가 왔다. 본인 사정을 얘기하며 매번 약속을 지키지 못해 죄송하다며 내일은 꼭 입금한다고 하며 상대방에게도 약속했다고 하는 요지였다. 나는 '많이 기다려 준 보람이 있네' 하고는 하루 후에직접 피의자에게 물을 수 없어 피해자에게 혹시 입금됐는지 물으니 입금이 안 됐다고 했다. '또 나를 속이고 자신을 속이는구나' 하며 괘씸하기도하여 피의자에게 전화를 걸어 "아니 입금 약속을 안 지키면 무슨 말을 하든지 연락을 해야지 않나요?" 하였다. 한두 시간이 지나 퇴근 무렵에 피의자로부터 전화가 걸려 와서는 죄송합니다 계좌가 압류… 어쩌고 저쩌고 하는 설명이며 내일은 꼭 입금하겠다고 하였다. 갑자기 내가 짜증 난 말투로 전화한 것이 미안해졌다. 나는 목소리를 가다듬고는 "많이 힘드시지요 그래도 이 상황을 잘 견디어 나가면 반드시 해 뜰 날이 올 것입니다. 힘내세요." 하니 "고맙습니다." 하며 울먹이는 소리가 들렸다. '앗 내가 피의자를 울렸네!!' 혼잣말을 하며 한편으로는 이 울림은 좋은 울림이다는 생각이 들었다. 옆방에 있는 검찰의 김*연 실무관에게 오늘 내가 피의자를 울렸다고 자초지종을 얘기하며 입가에 엷은 미소를 지었다. 내일은 틀림없이 입금하겠지 하는 믿음이 생겼으나 그 음악학원 운영자인 피의자는 밀린 임금을 여러 번에 걸쳐서 분할하여 절반 정도만 입금하고는 더 이상 입금할 수 없어서 부득이 조정불성립으로 처리하여 조정을 마무리할 수밖에 없었다. 피해자가 30대의 여자로 어렵게 피아노 강사를 하며 생계를 잇는 모습을 보고 최대한 밀린 임금을 받아 주고 싶었으며 피의자에게도 충분한 시간을 주어 밀린 임금을 지급하여 벌금 처분을 받지 않게 하려 했는데 많이 안타까웠다.

갑자기 '사람이 거짓말하는 것이 아니라 돈이 거짓말한다'는 말이 떠올랐다. 나는 이 사건의 피의자인 음악학원 운영자는 개인 사업자로 밀린 임금을 지급하려는 진정성을 느꼈으나 음악학원이 잘 운영이 되지 않아 절반 정도만 입금하고는 나머지는 임금을 할 수 없어 조정불성립으로 처리되었다는 생각이 들었으며 안타깝기 그지없었다. 경제의 3대 주체는 가계, 기업, 정부라고 한다. 기업가나 사업자는 철저한 기업가 정신과 경영마인드로 지속 가능한 건전 기업을 만들며 종업원의 가계를 든든하게 지원해야 하는 막중한 책임이 있는 것이다. 나는 우리나라는 진정한 기업가를 존중하는 문화가 부족하며 탐닉의 존재로만 너무 몰아가는 것이 아닌가 하는 생각이 들 때가 많이 있다. 우리는 기업의 발전은 물론 그 구성원인 종업원의 가계를 위하여는 그들로 하여금 기업가 정신을 최대한 발휘하여 사회에 공헌함을 최고의 보람과 가치로 여길 수 있도록 사회적 분위기를 조성하며 또한 사회는 보다 더 그들을 존경하고 신뢰하여 서로 상생하는 관계가 되도록 노력할 필요가 있다는 생각이 들었다.

우리는 인류가 나의 세대로 끝나지 않는다는 것을 안다. 우리의 이웃과 후손들에게 적어도 피해를 주는 존재가 되어서는 아니 된다. 그들에게 꿈과 희망과 더불어 함께 사는 지혜와 사랑을 물려주는 현명한 존재여야 하는 것이다. 오늘의 사건을 통하여 기업가의 사회적 책임과 젊은 시절 명상록을 통하여 자주 읊조렸던 "나는 내일 지구가 멸망할지라도 오늘 한 그루의 사과나무를 심겠다"는 말을 떠올리게 하는 하루였다.

8.

엄마만 한 아들 없네요

오늘 사건은 신장개업 시 들어온 10만 원 상당의 축하 화분을 이웃이 가져가 절도로 입건된 사건이다.

피해자는 절도에 대한 합의금으로 50만 원을 요구하였고 피의자는 개업식이 끝난 후에 버리는 줄로 알고 가져갔다며 사과는 할 수 있으나 돈을 주고 합의는 하지 않겠다고 하였다. 서로의 주장이 대치된 가운데 10여 일이 지난 후 나는 피의자에게 다시 연락하여 '다만 얼마라도 주고 합의할 수 없느냐'고 물으니 원가가 10만 원일 것이니 10만 원까지는 합의금으로 줄 수 있다고 하였다. 조정의 실마리가 잡히는 듯하여 피해자에게 수차례 연락하였으나 전화도 받지 않고 문자를 해도 회신이 없었다. 이런 때는 나름대로 수사 경험이 많은 수사관인 행정실장에게 부탁을 하면 대부분 해결된 경험이 있기에 피해자가 연락이 안 되니 도와 달라 요청하니 30여 분 뒤에 새로운 전화번호를 알려 주면서 아직 영업시간이 아니어서 전화를 받지 않으니 오후에 전화를 해 보라 했다. 오후가 되어 전화를 거니 60대쯤 되어 보이는 여자분이 전화를 받았다. 전화로 용건을 말하니 내가 피해자의 엄마인데 아들한테서 들었는데 뭘 그것 가지고 돈을 받느냐 했다며 조건 없이 합의해 주겠다고 하였다. 나는 "사장님 복 받을 것입니다. 감사합니다." 하며 덕담을 건넸다. 억양이 알 만한 지역으로 보여서 고향이 어디시냐고 여쭈니 충청도라 하였다. "아이구 인심 좋은 충청도시네요. 형만 한 아우 없다 했는데 이제 보니 엄마만 한 아들 없네요." 하며 같이 웃음을 짓고는 전화를 끊었다. 이후 피의자에게 피해자가 조건 없이 합의해 준다 했다고 전하니 피의자는 내가 절도 혐의로 몰리다니 어처구니없었다며 아무튼 피해자가 너그럽게 조건 없이 합의해 준다니 고맙다고 전해 달라고 하여 조정을 성립 처리하여 마무리했다.

내가 어린 시절인 1960년대에는 닭서리 콩서리를 하여도 도둑으로 몰리지 않고 애교?로 넘겼었다. 법은 시대에 따라 달리 규정된다는 것임을 알아야 한다. 60대의 어머니와 30대의 아들이 절도에 대한 인식의 차이가 있는 것이다. 3~40년 전에는 애교?로 넘길 일이 지금은 범죄로 입건되는 것이다. 헌 우산을 가져가거나 심지어는 현금을 주워 가도 CCTV에 영상 녹화되어 점유이탈물횡령죄로 입건되어 오는 경우도 많은 시대이며 다른 사람에게는 하찮은 물건인 경우에도 잃어버린 사람에게는 돈으로 환가할 수 없는 기념물이나 추억과 정이 담긴 소중한 물건일 수 있음을 알아야 할 것이다. 따라서 남의 물건이라면 손도 대지 않겠다는 자세가 필요하며 이번 사건의 경우처럼 피해자도 자기의 물건을 상대방이 버리는 물건이라고 오해를 하지 않도록 잘 관리하여 암묵적인 서로의 의사소통의 차이로 인한 범죄가 없었으면 한다. 내게 경제적 손실이 없으며 상대방이 악의가 없다면 조금씩 서로를 배려하는 것이 좋은 삶 아닌가 하는 생각을 하게 하며 인자하고 항상 웃음을 웃었던 어머니 생각이 나게 하는 하루였다.

엄마는 그래도 되는 줄 알았습니다

심순덕

엄마는 그래도 되는 줄 알았습니다
하루 종일 밭에서 죽어라 힘들게 일해도

엄마는 그래도 되는 줄 알았습니다
찬밥 한 덩이로 대충 부뚜막에 앉아 점심을 때워도

엄마는 그래도 되는 줄 알았습니다
배부르다, 생각없다, 식구들 다 먹이고 굶어도

엄마는 그래도 되는 줄 알았습니다
손톱이 깎을 수조차 없이 닳고 문드러져도

엄마는 그래도 되는 줄 알았습니다
아버지가 화내고 자식들이 속을 썩여도 끄떡없는

엄마는 그래도 되는 줄 알았습니다
외할머니가 보고 싶다, 외할머니가 보고 싶다,
그것이 그냥 넋두리인 줄만…

한밤중 자다 깨어 방구석에서 한없이 소리 죽여 울던 엄마를 본
후론

아! 엄마는 그러면 안 되는 것이었습니다.

9.

네 주제에 감히 나를⋯
쓴맛을 봐라 하는 태도의 피해자

유명 호텔 바에서 일어난 일이다. 피해자와 피의자는 서로 너무 가까이 있어 좀 멀리 떨어져 달라고 하는 와중에서 다툼이 발생하여 폭행으로 입건된 사건으로 경찰에서 검찰에 보내온 송치결정서상으로 보면 폭행의 정도는 경미한 수준으로 치료까지 이를 정도는 아니어서 어쩌면 조건 없는 합의도 가능하리라는 생각이 들어 먼저 피해자에게 연락을 했다 그는 합의할 의사가 있다고 하였다. 나는 합의 조건을 말씀해 주시면 상대방이 그 조건을 받아들이면 합의가 성립하고 받아들이지 않으면 조정위원이 중재자의 입장에서 양측과 서로 대화하여 조정하게 된다고 설명하고 합의금 수준은 어느 정도인지 물으니 피해자는 합의금을 500만 원이라고 했다. 나는 단순 폭행 그것도 치료를 받을 수준도 아닌데 너무 과하다는 생각과 아울러 상대방이 받아들일 수 없는 수준임을 우려하며 '그럼 혹시 양보할 수 있다면 어느 정도까지 가능하겠느냐' 하니 이리저리 말을 돌리며 합의금을 500만 원은 받아야 하는데 300만 원까지도 가능하다고 하였다. 곧바로 피의자에게 전화하여 피해자의 주장을 전달하니 '폭행에 대해서는 사과드린다' 하면서 '할머니를 모시고 어렵게 살고 있으며 경제적 여유가 없어 100만 원 이상은 합의할 수 없다며 그 호텔도 갈 여유가 있어 간 것이 아니라 잘 아는 지인이 집안 행사를 하여 인정상 부득이 갔다며 선처를 부탁한다'고 전해 달라고 하였다. 피해자에게 피의자의 진심 어린 사과와 가정 형편상 합의금을 100만 원 이상은 어렵다고 한다고 전하니 피해자는 합의금으로 500만 원을 받아야 한다고 했다. 나는 '지난번에는 합의금을 300만 원까지 가능하다 했지 않나요' 하니 그것은 그냥 말한 것이고 500만 원을 받아야 한다는 것이다. 참 힘이 빠지고 왜 말을 바꾸느냐고 나무랄 수도 없는 노릇이었다.

피해자는 그 후에도 여러 차례 조정실에 전화를 걸어와 이런저런 트집을 잡으며 직접 피의자에게 전화를 걸고 싶다고 전화번호를 알려달라고 하였다. 상대방의 전화번호는 정보통신비밀보호법에 따라 당사자의 동의 없이는 알려 줄 수 없다 하니 그럼 자신이 통화를 해도 되느냐고 물어 왔다. 느낌이 이상하여 상대방 전화번호를 아느냐 물으니 안다고 한다. 그럼 왜 전화번호를 물었느냐 하니 찾기 귀찮아서 그랬단다. 나는 사인 간의 통화를 조정위원이 해라 말라 할 권한이 없다며 통화 여부는 본인이 판단하여 하면 된다고 답변해 주었다. 나도 찾아야 하는데 조정위원이 자기 비서인가? 조정을 하다 보면 이렇게 안하무인 격으로 자기 하고 싶은 대로 하려는 사람들이 의외로 많이 있다. 조정위원은 공무원이 아니고 민간인으로 나름대로 전문성이 있는 사람들로 구성되어 있다 하면 조금은 몰아치던 무례함을 누그러뜨린다. 요즈음은 공무원이라 하면 국민의 공복이라 하여 더 쥐 잡듯이 하는 잘못된 언행을 하는 안타까운 사람들을 많이 보는데 이러한 친구들은 하나같이 무슨 꼬투리라도 잡으면 안하무인 격이다. '당신 이름이 무엇이냐', '통화를 녹음하고 있다'며 협박조로 몰아부치기도 한다. 심지어는 국민권익위원회에 민원을 제기하는 친구들도 있었다. 말 한마디에 자기의 인격이 나타난다는 점을 알고 얼굴을 보고는 감히 할 수 없는 언사를 하는 사람도 가끔씩 있었다.

며칠 지난 후 피해자는 상대방과 당사자 간의 합의를 하겠다 하여 그럼 합의해 보고 그 결과를 알려 주면 도와드리겠다고 하였다. 다시 며칠 후 피해자가 전화를 걸어와 상대방과 150만 원까지는 합의할 수 있다면서 조정위원이 도와 달라고 한다. 조정위원이 경제력이 없는 피의자의 합의금을 어떻게 조정할 수 있다고 생각하는지…. 가장 간단한 것은 본인이 욕심을 내려놓으면 되는 것인데. '문제가 본인인데 답을 밖에서 찾는구나' 생각하였으나 이 말은 할 수가 없는 노릇이다. 나는 다시 합의가 안 되면 피의자에게는 벌금이 부과될 것이고 피해자는 민사소송에 의해서 받을 수밖에 없는데 치료비도 안 들었으니 법원에서 얼마를 인정하겠으며 설령 법원의 판결이 있더라도 상대방이 재산이 있다 해도 환가를 해야 받을 수 있으니 잘 판단해 보시라 했다.

며칠이 지난 후에 피해자로부터 연락이 왔다. 합의금을 120만 원으로 했다고 한다. 피해자는 말은 직접 표현을 하지 않았지만 '나는 호텔에 다닐 수 있는 사람인데 감히 나를 밀치고 폭행해? 쓴맛을 보여 주어야지' 하는 태도를 줄곧 가지고 있는 느낌을 받았다. 나름대로 호텔에 다닐 수 있는 사람이면 아무튼 선택된 사람이고 베풀 수도 있는 처지일 것이다. 노블레스 오블리주까지는 아니더라도 더 가진 자가, 더 배운 자가, 더 지위가 높은 자가 그러한 자기를 만들어 준 가정과 사회에 감사하며 그 고마움을 사회에 환원하려는 자세를 가진다면 뭇사람의 존경을 받으며 더불어 함께 사는 아름다운 사회가 될 것인데 하는 생각이 들게 하는 사건이었다.

10.

견물생심(見物生心)···
실수를 통해 배울 수 있어야

어느 카페에 손님으로 온 피해자는 PC 사용을 마치고 모니터 아래에 애플워치를 깜빡 잊고 두고 나갔다. 카페 종업원이 일을 마치고 영업장을 정리하던 중에 이를 발견하고는 순간적으로 욕심이 생겨 본인의 호주머니에 넣어 가는 모습이 경찰의 수사 단계에서 CCTV로 확인되어 순순히 자기의 잘못을 시인하였으며 훔친 애플워치도 돌려준 사건이었다.

조정일에 피해자는 피해 물품을 반환받았으며 합의할 뜻이 있다고 하며 합의금을 50만 원을 요구하였다. 다음은 피의자에게 조심스럽게 말을 건넸다. '어쩌다 PC 카페에서 잘못한 일이 있었네요' 하니 순간적으로 욕심이 생겨서 그랬다고 한다. "누구나 좋은 물건을 보면 욕심이 생기는 것을 견물생심(見物生心)이라 하지요." 나는 합의하게 되면 선처 처분을 받을 수 있음을 설명하며 "혹시 그간 상대방이 합의금을 얼마나 요구했나요?" 하고 물으니 "상대방이 100만 원 달라 했어요." 한다. 마음속으로 '이건은 조정성립이다' 하며 사실은 제가 피해자 쪽에게 먼저 합의금 이야기를 하니 상대방이 50만 원에 합의한다 했어요 그러면 50만 원에 합의하시지요 하니 흔쾌히 그러겠다고 하여 합의가 성립되었으며 "앞으로는 이번 일을 교훈 삼아 그런 일이 없도록 하겠습니다." 하는 답까지 해 줬다. 조정의 순기능이 발휘되는 사례였다. 이번 사건은 형사조정과정에서 피해자가 나름대로 합리적인 수준에서 합의금을 요구하여 상대방도 이를 적극 수용하여 합의가 용이하게 이루어진 것이다. 더러는 터무니없이 많은 합의금을 요구하여 조정과정에서 어려움을 겪은 적이 적지 않게 있었으며 이런 경우에는 어느 일방이 물러서지 않으면 조정성립이 안 되는 것이다. 누구나 잘못을 할 수 있으나 그 잘못을 통하여 배우는 사람과 그렇지 못하는 사람과는 앞으로의 그 삶에서 큰 차이가 있음은 당연하다 할 것이다.

★ **견물생심(見物生心. 볼 견, 사물 물, 일어날 생, 마음 심)**

좋은 물건을 보면 가지고 싶은 마음이 생긴다는 뜻이다.

욕심은 인간의 본성이 사물을 접하면서 드러나는 자연적인 감정인 일곱 가지 칠정(喜, 怒, 哀, 樂, 愛, 惡, 欲) 중 하나이다. 물건을 보고 탐하는 마음이 생기는 것은 인지상정(人之常情)이라 할 수 있다. 그러나 사람은 이성(理性)을 가지고 있어서 아무리 욕심이 나더라도 자신의 물건이 아니거나 자신의 분수를 넘어서는 물건이면 탐하지 않고 절제할 줄 알아야 한다. 견물생심은 욕심을 경계하는 말이다. 오늘의 사례를 통하여 많은 사람들이 욕심을 경계하는 삶을 살기를 바란다. 아픈 만큼 성장한다는 말이 있듯이 실수를 통하여 이를 자산으로 승화하여 더욱 성숙하며 알차고 옹골차게 열매 맺는 삶을 살아 내어 인생이라는 긴 마라톤의 과정에서 모두가 낙오하지 않고 아름답게 결승선을 통과하는 사람이 되었으면 하는 바람이었다.

11.

심신 장애인 피의자에게
더 적극적인 사회적 원시스템이 있어야

피의자는 80대 중반의 여성으로 가게에서 우산 등 18,000원 상당의 물품을 절취하여 절도죄로 고소된 사건이다. 형사조정회부서에 피의자를 대리하여 남동생과 조정하라고 기재되어 있었다.

조정기일을 통지하고 얼마 지나지 않아 피의자의 남동생이 전화를 걸어왔다. 상대방과 만나서 대면 조정을 하고 싶다고 하였다. 나는 대면 조정은 양 당사자가 모두 동의해야 한다 하며 상대방이 대면 조정에 동의하면 그렇게 진행하겠으니 잠시만 기다려 달라 하고 피해자인 상대방에게 대면 조정 요청에 동의하느냐 물으니 비대면 전화 조정을 하겠다 하여 전화 조정으로 진행했다.

조정 당일에 피해자는 그 할머니가 가게 앞을 지나가는 것조차 싫다며 가게 앞 통행을 금지해 달라 한다고 하여 나는 헌법에 보장된 거주이전의 자유를 누구도 제한할 수 없다고 설명하니 그렇다면 합의금 500만 원을 요구한다고 하였다. 나는 경찰의 송치결정서상에 피의자가 초기 치매 환자라 조사되어 있다고 설명하고 그 남동생이 대리하여 누나 대신 조정에 나섰다며 이해를 구하며 합의금 조정을 요구하여 피해자는 상대방이 지속적으로 물건을 훔쳤다며 합의금 300만 원으로 조정 요구하였다. 나는 요즈음 볼 수 없는 누님 사랑에 크게 감동받았다. 대화 과정에서 피의자의 동생 되시는 분은 절제된 언사 등으로 인품이 있어 보였다. "선생님 혹시 어디 근무하셨느냐"고 물으니 사실은 본인은 서울시에서 근무하고 정년퇴직 하였다고 했다. 나는 현직 시절에 참 멋진 공무원이었겠다고 칭찬하며 우리 조정위원 모두 감동받았다고 전하니 다 지나간 일이라며 겸손해하였다.

나는 다시 협의에 들어갔다. 같이 일하는 동료 조정위원들은 이구동성으로 심신 미약에 의한 범죄인데 합의금 수준이 너무 많은 것 같다고 하여 나는 양측에 10여 일의 생각할 시간을 가지자 하였다. 피의자 측에는 너무 걱정하지 말고 기다리면 저희가 최선을 다하여 합의가 이루어지도록 노력하겠다고 안심시키니 정말 고맙다고 몇 번씩이나 말하였다.

나는 곧바로 심신 미약에 대한 형법조항을 찾아보았다 형법10조1항(심신상실)은 심신장애로 인하여 사물을 분별할 능력이 없거나 의사를 결정할 능력이 없는 자의 행위를 벌하지 않는다고 명시하고 있으며, 2항에서는 심신미약자의 행위에 대하여는 형을 감경한다고 규정하고 있음을 알아냈다.

10여 일 후에 나는 피해자 측에 전화를 하여 선생님 상대방이 중증 치매 환자이며 이 사건의 조정에도 본인이 아닌 그의 남동생이 대리하고 있으며 그는 피해에 대하여는 적절한 배상을 해 드리고 싶다고 합니다. 다만 피해자가 심신 장애자로 형법에서도 그 행위를 벌하지 않는다고 정하고 있으니 최대한 배려를 당부드린다고 하니 피해자는 아무리 병이라 해도 가게도 잘 운영되지 않는데 피해를 주어 홧김에 합의금을 많이 요구했다면서 조정위원의 간청에 졌다며 합의금을 20만 원으로 낮춰 주었다. 나는 몇 번씩이나 감사하다는 말을 전하며 지난번에 말씀하신 가게 앞을 지나지 않도록 해 달라는 문제도 최대한 협조하도록 전하겠다고 하였다. 나는 곧바로 피의자 측에 반가운 소식을 전하니 피의자가 심신상실 등 행위능력이 없는 경우에는 국가의 실질적인 지원제도가 있었으면 한다고 하며 이번에도 여러 차례 감사하다는 말을 잊지 않았다.

행위능력이 없는 심신 장애 등의 경우 범죄 의식 없이 잘못을 저지를 때가 많이 있는 것이 현실이다. 그렇다고 집안에만 가두어 둘 수도 없는 일이어서 그 가족은 얼마나 힘이 들까 하는 생각이 들었다. 따라서 발달장애 등의 심신 미약 판단자의 피의자에 대하여는 조정위원의 의견과 검사의 결정으로 국가의 재원으로 합의금의 일부를 지원하는 사회적 지원제도가 있었으면 좋겠다는 생각이 들었다. 오늘은 며칠 안 되는 조정위원으로서 감동을 받은 하루였다며 가벼운 마음으로 일을 마쳤다.

12.

도긴개긴 쌍방 단순 폭행 사건은
합의가 최고의 선택

피해자와 피의자는 서로 모르는 사이로 지하철에서 알 수 없는 이유로 시비가 되어 지하철 역에서 하차한 후 어깨를 밀치고 컵을 던지며 옷을 잡아당기고 머리카락을 잡아당기는 등으로 폭행하였으며 상대방도 이와 유사한 방법으로 상대방의 얼굴을 향해 주먹을 휘두르는 등으로 폭행하여 쌍방 피의자로 소위 서로 도긴개긴 사건이었다.

A는 정당방위라 주장하며 다른 상대방인 B는 폭행한 적이 없다고 한다. 조정일에 이르러 A는 손가락이 골절되었다며 추가 진단서를 제출하겠다며 합의금 250만 원을 요구하였다. B에게 A가 요구하는 합의금 수준을 전달하며 합의할 수 있는지를 물으니 본인은 폭행하지 않았기에 합의금을 주면서 합의할 수는 없다고 하였다. A는 여러 차례 조정실에 전화를 걸어와 진행 상황을 묻고는 자기 사건을 최우선적으로 해 달라는 등 진행 상황을 수시로 알려 달라 하며 소위 조정위원을 머슴 부리듯 하는 태도였으며 언행으로 보아 A가 먼저 폭행의 원인 제공을 했을 가능성이 있어 보였다. B는 일관성 있게 폭행한 적이 없고 합의금을 줄 수 없다 하여 나는 A에게 그 사실을 전하며 만일 서로 합의가 안 되면 조정불성립으로 처리할 수밖에 없으며 그렇게 되면 쌍방이 모두 벌금처분을 받게 된다고 조언

하며 조금은 만족스럽지 못하더라도 서로가 조건 없이 합의한다면 적어도 벌금처분은 받지 않게 된다고 말하며 현명한 결정을 바란다고 말하니 A는 합의금을 받기는커녕 벌금을 내게 생겼다며 조건 없이 합의하겠다고 하여 조정이 성립되었다.

경험적으로 쌍방의 단순 폭행 사건인 경우 그 피해 정도가 확연히 차이가 나지 않는 경우에 어느 일방이 감정적으로 합의금을 요구하여 합의가 이루어지지 않으면 담당 검사가 어느 일방에게 책임을 묻기 어렵다고 판단된다면 부득이 양측에 벌금처분을 할 수밖에 없을 것이다. 이러한 경우에는 바람직하기로는 단순 폭행은 소위 반의사불벌죄이므로 서로 일시적 감정을 추스르고 2차적 피해라고 할 수 있는 벌금처분이라도 받지 않도록 조건 없이 합의하는 것을 권고하고 싶다. 소위 상대방을 위해 합의하는 것이 아니라 자기의 피해를 줄이기 위해서도 합의하여야 하는 것이다.

★ 폭행에 대한 법률적 고찰

형법260조1항은 폭행이란 사람의 신체에 대하여 폭행을 가하는 죄이다. 여기서 폭행이란 신체에 대한 불법적인 유형력의 행사를 포함하며 그 행위로 반드시 상해의 결과를 초래할 필요는 없다. 따라서 모발. 수염을 자르는 것, 높지 않은 곳에서 손으로 사람을 밀어 떨어지게 하는 것, 사람의 손을 세차게 잡아당기는 것 등도 폭행이 된다. 또한 병자의 머리맡에서 소란을 피우거나 마취약을 맡게 하거나 최면술에 걸리게 하는 등 사람의 대한 일체의 유형력의 행사 즉 물리적 힘의 행사 외에 담배연기를 상대방에게 뿜어 버리거나 강제 키스 등도 폭행이 된다. 폭행은 반의사불벌죄로 피해자의 명시한 의사에 반하여 공소를 제기할 수 없다(형법260조2

항). 따라서 조정 과정에서 합의가 성립되면 피해자로부터 상대방을 처벌하기를 원하지 않는다는 내용의 합의서를 첨부하여 공소권 없음 처분을 받도록 하고 있는 것이다.

★ 도긴개긴, 도찐개찐, 도진개진…

대상들 간에 별 차이가 없음을 이르는 말이며, 비슷한 말로 도토리 키재기, 그 나물에 그 밥, 오십 보 백 보, 피차일반, 대동소이 등이 있다. 어원(語源)은 윷놀이 용어인 긴에서 비롯한 말이다. 윷놀이에서 자기 말로 상대방의 말을 쫓아 잡을 수 있는 거리를 순수 우리말로 "긴"이라 한다.

"도"로 상대방의 말을 잡을 수 있는 거리나 "개"로 남의 말을 잡을 수 있는 거리는 별반 차이가 없다는 뜻에서 비슷비슷하다는 뜻으로 쓰이게 된 것이다.

도찐개찐은 충청도 사투리로 진이 경음화된 것이다. 도진개진도 표준어가 아니며 진(進) 자로 생각해서 '도'로 가거나 '개'로 가거나 거기서 거기라는 뜻으로 여기는 사람도 있으며 표준어는 도긴개긴이다.

13.

어느 목사님의 "꾼"론

나는 깊은 신앙심의 소유자라고는 할 수 없지만 모태신앙(母胎信仰, 어머니의 뱃속에서부터 신앙을 가진 사람)이다. 10여 년 전에 내가 다니는 교회수련회의 특강에서 어느 목사님의 "꾼"론에 대한 강의가 지금까지 내 머릿속에 자리하고 있다.

세상에는 4종류의 "꾼"이 있는데 삯꾼, 일꾼, 구경꾼, 방해꾼이 있다고 하였다.

"삯꾼"은 자기가 받는 월급만큼만 일하는 사람이다. 고용주도 고용된 노동자도 이익 손해도 없는 자기가 받는 삯만큼만 일하는 사람이란다.

"일꾼"은 자기 월급을 넘는 성과를 내며 고용주에 이익을 남기며 도움을 주는 사람으로 고용주에게는 없어서는 안 되는 사람을 말하며

"구경꾼"은 남이 하는 일에 수수방관하며 어찌 되어 가나 보자 하는 마음으로 임하는 사람이다. 주인의식도 없고 적극성도 없으며 사후에 비평

만을 주로 하는 사람이라고 한다.

"방해꾼"은 남이 하는 일에 시시콜콜 따지며 트집 잡고 대안을 내지는 않고 상대방이 성과를 낼까 시기 질투하며 뒷다리를 잡는 사람이란다.

훌륭한 CEO는 조직 내의 모든 가용재원을 활용하여 시너지를 최대화하여 성과를 내는 경영인이며 그는 일꾼은 격려하고 보호하며 승진시킬 것이며 방해꾼은 퇴출시키려 할 것임은 당연하다. 우리는 가정은 물론 사회와 공동체에 도움을 주며 가치 있는 일꾼이 되어 더불어 함께 사는 건전한 사회인으로서 한 번뿐인 인생을 남 탓하지 않고 책임 있게 베풀며 살자고 외치고 싶다.

삼성의 이건희 회장은 1993년 6월의 독일 프랑크푸르트에서 신경영을 주장하며 "마누라 빼고는 다 바꿔라"라며 전면적인 개혁과 변화를 요구하고, 일본 오사카에서는 "사람마다 개인차와 개성이 있다. 많이 변한 사람은 많이 변하여 기여하고 적게 변한 사람은 적게 변하여 기여하자 그러나 남의 뒷다리를 잡지는 말라" 하였다. 나의 10대 시절의 아주 유명한 명연설을 아직까지 기억하고 있다. 미국의 35대 대통령 Jhon F. Kennedy(1917~1963)의 1961년 대통령 취임 연설문 중의 하나이다. 당시에 공부 좀 하려는 친구들은 그 영어 연설문을 외우려고 했던 것이 기억에 새롭다. 국민과 국제사회에 동참과 희생과 봉사를 요구한 한 구절이다. "국민 여러분 국가가 여러분을 위하여 무엇을 해 줄 것인가를 묻지 말고, 여러분이 국가를 위하여 무엇을 할 것인지 물읍시다. 미국이 무엇을 해 줄 것인가 묻지 말고, 인류의 자유를 위해 함께 무엇을 할 수 있는 지 물읍시다. (Ask not what your country can do for you, ask what you can do for your country, ask not what America will do for you, but what together we can do for the freedom of man.)"였다. 나는 여기에서 '국민' 을 '나'로 대체하고 '국가'를 '가정, 회사, 사회, 조직'으로 대체하여 내가 가정, 조직, 사회에 무엇을 할 수 있는지 생각했던 기억이 새롭다.

14.

마지막에 웃는 삶을…
시련을 통하여 지혜를 키우며 삶의 열매를…

내가 다니던 회사의 임원 중에 분당 어느 큰 교회에 다니는 독실한 안수 집사가 계셨는데 '좋은 말씀 집'에서 기억나는 한 구절이 지금도 기억난다.

"Trials make us think, Thinking makes us wise, Wisdoms make our life profitable"라는 말이다.

이를 우리말로 하면 '시련은 우리로 하여금 생각하게 만들고, 생각을 하게 되면 우리가 현명해지며, 현명한 지혜는 우리 인생을 열매 맺게 한다'는 말이다.

또한 아는 만큼 보이고 아픈 만큼 성장한다고도 한다.

'사람은 감정의 동물이고 심지어는 편견으로 가득 차 있으며 자존심과 허영심에 의해 행동한다는 것을 명심해야 한다'고 카네기는 인간관계론에서 말했다. 누구나 잘못을 저지를 수 있으며 고의 또는 실수로 범죄를 저지를 수 있다. 그러나 그다음의 해결이 중요하다 특히 내가 지금 하고 있는 형사조정위원은 피해자와 피의자와의 합의를 돕는 일이다. 비록 피의자로 고의이든 실수이든 일시적으로 범죄를 저질렀다 해도 이를 뉘우치고 피해자에게는 비례성의 원칙에 따라 피해에 대한 배상을 하며 다시는 같은 잘못을 하지 않는 교훈을 얻는 사람과 그렇지 못하는 사람과는 결과에 있어서 엄청난 차이가 있음은 당연하다 할 것이다. 그래서 우리가 학교에 다닐 때 그 수많은 시험을 치르면서 내가 무엇을 모르는지 확인하고 심지어는 오답노트를 만들어 다시는 틀리지 않도록 공부했음이다. 유명한 공자의 논어에서도 삼성오신(三省吾身)이라 하며 매일 자신에게 세 가지를 물으라고 하였다. 첫째는 일을 도모함에 마음을 다하지 않았는가? 둘째 벗과 사귐에 성실하지 않았는가? 셋째 배운 것을 복습하지 않았는가?이다. 나는 여기에 하나를 감히 더하고 싶다. 잘못한 것을 고치지 않았는가?이다. 그 아름다운 꽃들도 흔들리며 꽃을 피운다고 도종환 시인은 〈흔들리며 피는 꽃〉에서 말하고 있지 않은가? 우리 모두가 지금의 시련을 통하여 더 현명해지고 그 지혜를 바탕으로 우리 백 세 인생의 긴 마라톤과 같은 여정을 보람과 가치로 채우는 아름다운 알곡인생이 되기를 바란다.

흔들리며 피는 꽃

도종환

흔들리지 않고 피는 꽃이 어디 있으랴
이 세상 그 어떤 아름다운 꽃들도
다 흔들리면서 피었나니
흔들리면서 줄기를 곧게 세웠나니
흔들리지 않고 가는 사랑이 어디 있으랴

젖지 않고 피는 꽃이 어디 있으랴
이 세상 그 어떤 빛나는 꽃들도
다 젖으며 젖으며 피었나니
바람과 비에 젖으며 꽃잎 따뜻하게 피웠나니
젖지 않고 가는 삶이 어디 있으랴

나는 마지막 구절이 맘에 든다. '젖지 않고 가는 삶이 어디 있으랴'는 시 구이다.

독일의 유명한 시인 괴테는 "눈물 젖은 빵을 먹어 보지 않은 사람과는 인생을 이야기하지 말라" 하였다고 한다. 어렵고 고난의 시간을 보낸 사람이야말로 쇠가 두드려지고 단련되어 강철이 되듯이 인생의 스펙트럼이 넓으며 단단한 사람이 되어 실로 함께 인생을 논할 수 있다고 이해된다. 거꾸로 이야기하면 어렵고 힘든 시간을 보낸 것 자체가 중요한 것이 아니라 그것을 통해 배운 사람만이 더 풍부한 삶을 살 수 있다는 말일 수 있다. 나는 "인생은 긴 마라톤이다"라고 하고 싶다. 마라톤에서 누구나 어려운 고비가 있다고 한다. 더러는 중간에 복통이 있을 수 있지만 훈련을 통하여 잘 다스리며 끝까지 인내하며 달리는 것이란다. 어느 등산가도 '높은 산에 오를 때 쉬지 않고 가지 않는 사람은 없다.' 적절한 곳에서 적절하게 쉬어 가며 체력을 아끼며 악천후와 추위와 체력적인 어려움을 견디고 이겨 내어야 목표하는 정상에 오를 수 있는 것이다. 지구촌을 함께 사는 우리가 인생의 마지막 결승점을 모두 웃으며 통과함으로써 승리하는 삶을 살기 바란다.

20~30대의 청년들이여 그대들은 이제 겨우 마라톤 풀코스(42,195km)의 10km 정도를 달린 것이다. 지금 조금 뒤처졌다고 무슨 잘못을 저질렀다고 실망하지 말고 아직도 갈 길이 30여 km가 남았지 않는가? 힘을 내고 더 잘 뛰어 보지 않겠나? 초등학교 시절 토끼와 거북이 이야기도 있지 않은가?

인생의 황금기를 보내고 있는 4~50대들이여, 그대들은 이제 절반쯤 달린 것일 뿐이다. 지금 어렵고 힘든가? 마라톤에서 우승한 사람도 편히 우승한 사람은 없다고 한다. 여러 차례 어려운 고비를 참고 견디며 끝까지 희망을 가지고 달린 결과이다. 지금 여러분의 삶이 잘 나가는 삶인가? 우리는 100세를 살아야 한다. 마라톤 경기에서 선두권에서 달리다가 자기 관리에 실패해서 중도에 낙오되는 선수들을 우리는 많이 봤다. 중도에서 포기하지 말고 끝까지 자기를 관리하면서 베풀면서 자기의 삶을 살아 내면 나름대로 성공적인 삶을 살 수 있다고 생각한다. 인생은 정답이 없다. 사회에 피해를 주지 않는 범위에서 자신의 인생을 살기를 권한다.

긍정적인 생각을 해 보자. 우리가 성웅이라고 받드는 이순신 장군은 "신에게 아직도 12척의 배가 남아 있습니다."라고 하지 않았는가? 부정적으로 보면 겨우 12척의 배만 남아 있는 것인데 말이다.

'1만 시간의 룰'을 소개해 본다.

1993년 미국의 심리학자 앤더스 에릭슨(K. Anders Ericsson)의 연구를 바탕으로 말콤 글래드웰(Malcom Gladwell)이 저서 아웃라이어(Outliers)에서 '1만 시간의 법칙'이라는 용어를 사용했는데 어떤 분야의 전문가가 되는 데에는 매일 3시간씩 훈련하는 경우 10년이 필요하다는 것이다.

현대인을 호모 헌드레드(Homo Hundred)라 하여 100세를 사는 인간이라 한다. '시작이 반이다'라는 말도 있다. 정확히 말하면 좋은 시작이 절반을 했다는 뜻이다. 영어로 Good beginning is half done이다. 100세를 살수 있다면, 그리고 10년이 지나도 60대이면 아직 40년이 남아 있는 것이다. 목표 없는 삶, 꿈이 없는 삶은 동물적 삶이라 할 수 있을 것이다. 사회에 피해를 주지 않는다면 그 어떤 좋은 시작을 지금 바로 해 보는 것도 좋을 것이다. 설령 그게 미완성이라 해도!!

　7~80대들이여, 이기려 하지 말고 배려하며 보람 있는 삶을 추구하며 꿈을 버리지 말아야 할 것이다.

　꿈이 없으면 목표 없는 삶으로 나침반 없는 항해인 것이다. 순리대로 살면서 명예롭게 살아야 할 것이다.

　어느 유행가 가사처럼 늙어 가지 말고 익어 가는 내공 있는 삶을 자기만의 삶을 사는 것이다.

　나는 어느 범위까지 생각하며 사는가에 따라 그 사람의 수준을 알 수 있다고 생각한다. 본인 자신도 생각하지 못한다면 인간답지 못한 것이며, 본인과 본인의 가족을 중심으로만 산다면 보통 사람이요, 사회 전체를 보며 인류를 위해 산다면 공자가 이야기하는 군자의 경지 현자의 경지일 것이다. 한 번뿐인 인생을 사랑과 인성을 바탕으로 사회와 인류에 도움이 되는 성숙된 삶을 살고자 노력하는 사람이 많은 사회일수록 좋은 사회임을 부정하는 사람은 없을 것이라고 생각한다.

인생은 긴 마라톤

15.

공갈 미수로 되몰린 피해자

펜션주인의 개가 펜션에 온 손님의 개를 물어서 야기된 사건으로 손님은 자신의 개가 상대방의 개에 물려 개의 치료비로 100만 원을 받았으나 자신이 원하는 합의금을 주지 않는다는 이유로 00 카페와 자신의 인스타그램 등에 개 물림 관련 사고에 대한 내용과 함께 펜션 영업을 하지 못하게 하겠다는 요지의 내용을 게재하고 상대방에게 문자 메시지를 보내 협박하여 펜션주인이 이를 거절하여 그 뜻을 이루지 못하였으며 펜션주인은 역으로 상대방을 공갈 미수로 고소하였으며 경찰은 펜션주인 입장에서 볼 때 문자의 내용이 공포심을 일으키기에 충분하고 계속적으로 협박성 어조로 합의를 거부하고 다른 문자 내용 등을 종합하여 볼 때 범죄가 인정된다고 판단하여 공갈미수죄로 입건된 사건이었다.

고소인 펜션주인은 '피의자의 강아지 치료비로 이미 상대방에게 100만 원을 주었으나 피의자의 야x자 앱을 통한 펜션 예약의 취소 20건(추정손실 400만 원)과 변호사 수임료 등과 피의자의 협박의 스트레스로 펜션 운영도 접었다고 하며 합의금 1천만 원을 요구'하는 소송을 제기했다. 한편 피고소인은 '강아지가 추가 치료가 필요하다'며 본인이 오히려 피해자이며 정당방위라고 주장하는 등 서로의 주장을 굽히지 않아 조정이 이루어지지 않았다.

조정위원은 조정을 진행하는 과정에서 중재자 역할을 하지만 조정이 이루어지지 않으면 종국에는 당사자들의 서로 다른 이해에 따른 다툼을 해결하는 과정에서 담당 기관인 경찰 검찰 법원의 갈등 조절의 사회안전망 역할을 하게 되며 그 역할의 중요성을 깊이 느끼게 되었다. 동물이나 식물의 생존과 유지는 자연의 법칙에 따르지만 인간은 다원화된 사회에서 서로의 이해를 조정하고 해결하기 위하여 서로 지켜야 하는 바를 사회적 규범으로 만들고 이를 어기면 제재를 가하는 것이다. 이러한 사회적 규범인 법을 제정하고 유지하기 위하여 얼마나 많은 비용과 솔로몬의 지혜가 동원되고 있는지 새삼 깨닫게 되었다.

이번 사건을 통하여 자신이 피해를 입었다고 무리하게 상대방을 협박하거나 자력 구제하는 경우에는 오히려 역으로 피의자로 몰릴 수 있다는 사실을 알아야 하겠다. 본인의 입장에서는 정당방위라고 주장할 수 있으나 우리 형법은 정당방위에 대해 제한적으로 인정하고 있으며 자력구제 또한 인정되지 않음을 알아야 하겠다. 실제로 우리나라의 경우 대법원의 판례에서 정당방위를 인정한 사례는 형법 60여 년의 역사상 14번 정도에 불과하다는 사실로 보아도 정당방위는 쉽게 인정되고 있지 않다는 것을 알 수 있다. 아래의 정당방위 기준 성립 요건을 참고하여 주기 바란다.

★ 정당방위 기준 성립 요건

정당방위는 현재의 부당한 침해로부터 자기 혹은 타인의 법익을 방위하기 위해 한 행위로 상당한 이유가 있는 경우에는 벌하지 아니한다고 규정하고 있다. 정당방위는 직면하고 있는 위험에 비례하여 사용할 수 있도록 하고 있다. 아울러 정당방위로 인정받기는 상당히 까다롭다고 알고 있었으면 한다.

일반적인 정당방위로 인정받기 위한 기준은 아래와 같다.

1) 현재의 부당한 행위일 것, 따라서 과거의 부당한 행위에 대한 행사는 복수가 되는 것임에 유의하여야 한다.
2) 도발하지 않아야 한다.
3) 먼저 폭력을 행사하지 않아야 한다.
4) 비례성에 따라 가해자보다 더 큰 피해를 입혀서는 안 된다.
5) 흉기나 위험한 물건을 사용하지 말아야 한다.
6) 상대가 위법행위를 멈춘 후에 해서는 안 된다는 등이다.

따라서 현실적으로 정당방위로 인정받는 것이 상당히 어렵기에 정당방위를 주장하는 데에는 상당한 주의를 해야 하는 것이다.

16.

복잡한 사건은 도표를 만들어
당사자들의 이해를 돕고 설득한다

사건의 요지는 다음과 같았다.

A와 B는 일행이고, C와 D는 또 다른 일행으로 서로 폭행 또는 상해를 입힌 소위 쌍방 사건이다.

A는 ① C에 8주의 상해를, ② D에게는 폭행을 가하였다.

B는 ③ C에게 폭행을 하였으며

C는 ④ A에게 15주의 상해를, ⑤ B에게는 10주의 상해를 입혔다.

D는 ⑥ A에게 폭행을 가하였다.

이를 도표로 만들어 보면 아래와 같다.

A	···········	8주의 상해를 입힘	··········>	C
	<···········	15주의 상해를 입힘	···········	
A	···········	폭행을 가함	··········>	D
	<···········	폭행을 가함	···········	
B	···········	폭행을 가함	··········>	C
	<···········	10주의 상해를 입힘	···········	

먼저 사건의 요지를 쉽게 파악할 수 있도록 사건을 도표로 만들어 당사자에게 문자로 보내 놨다.

다른 사건이 상해가 있는 큰 사건이기에 비교적 폭행 정도가 낮은 A와 D의 합의를 진행하였다 먼저 D에게 합의 의사를 물으니 큰 상처도 없고 치료도 안 받았으니 A와는 조건 없이 합의하고 싶다고 하였으며, A도 D와는 조건 없는 합의를 원한다고 하여 A와 D는 합의가 쉽게 이루어졌다.

다음은 B와 C와의 사건이다.

B는 C를 폭행한 죄, C는 B에게 10주의 상해를 입힌 죄이다. B의 대리인인 OOO 변호사는 일단 상해의 정도가 10주나 되어 손해배상에 대한 서로의 견해차가 클 것으로 판단되어 민사부문은 별도로 소송에 의하여 처리하고 형사부문만 합의하는 것이 좋겠다는 주장을 하여 C에게 이를 전하며 설명하니 형사와 민사부문의 분리 처리에 대한 이해가 부족하여 여러 차례 설명과 다른 법률전문가의 조언을 받아 결정해 달라고 시간을 주니 그 이튿날에 그렇게 하겠다고 하였다. 이제 형사합의금 수준이 문제였다. 다행히 B의 대리인은 사건이 확대되고 빨리 처리되기를 원하는 의뢰인 B의 입장이라며 200만 원을 형사합의금으로 요구하여 나는 10주 상해치고는 합의금 수준이 낮음에 희망을 가지고 C에게 B가 요구하는 형사합의금은 200만 원은 10주 상해치고는 낮은 수준임을 설명하니 C도 본인이 생각한 금액보다 낮았는지 200만 원에 합의하겠다고 하였으며, B의 C에 폭행에 대한 합의는 조건 없이 합의하기로 하여 B와 C의 합의도 성립하였다. 이때 조정위원은 피의자의 보험사가 피의자의 형사합의금을 보험금 또는 손해배상액에서 공제하여 피해자에게 지급하지 않도록 합의서에 "이 형

사합의금은 보험금 및 손해배상액 등 민사에 있어 공제 대상이 아니다"라고 명시하여 추후에 법원에서 형사합의금이 피해자가 받을 보험금에서 공제되지 않도록 유의하여야 한다.

마지막으로 서로의 상해 정도가 큰 A와 C의 사건이었으나 민사를 분리 처리하기로 하니 형사합의는 비교적 쉽게 처리할 수 있었다. C는 비록 상해의 정도는 다르지만 상해의 죄는 같으므로 형사합의금을 별도로 줄 수 없다고 강변하여 A의 대리인인 000 변호사는 의뢰인의 동의를 얻어 형사부문을 조건 없이 서로 합의하기로 하였다. 당사자가 친구인 경우에는 본인은 물론 다른 친구와의 합의금 수준도 서로 고려하기에 생각만큼 간단하지는 않다. 따라서 조정위원은 당사자들에 대한 설득 논리를 미리 심사 숙고하여 조정에 나서야 한다고 생각한다.

이 사건을 처음 조정할 때에는 조정이 이루어지기 어려울 것으로 생각되었는데 민사부문을 법원의 판단에 따라 처리하기로 하니 의외로 쉽게 풀렸다.

형사조정이 민형사를 한꺼번에 해결할 수도 있지만 때에 따라서는 민사부문의 합의에 대해 서로의 이해와 주장이 현격히 차이가 있는 경우에는 민사부문은 법원의 판단에 따라 처리하도록 하는 것도 좋은 방법이며 피의자 피해자 조정위원 모두 이를 잘 활용할 수 있었으면 한다. 물론 법원을 통한 민사적 처리가 시간과 비용이 많이 들어갈 수 있기에 서로 조금씩 양보하여 검찰의 형사조정단계에서 조정이 가능하다면 더 지혜로운 방법임에 틀림없을 것이다.

복잡한 사건일수록 단순화하여 도표로 만들어 당사자의 이해를 돕고 시험문제도 쉬운 것부터 풀듯이 형사조정도 쉬운 것부터 풀어 나가고 서로의 이해가 다른 경우는 신뢰할 수 있는 제3의 기관의 판단에 따를 것을 권고함도 좋을 듯하다. 물론 양 당사자들이 조정위원의 권고를 열린 자세로 경청하고 현명한 판단을 할 수 있어야 함은 항상 당연한 것이다.

현대는 서로의 이해관계가 매우 복잡한 세상이며 한 사람이 모두를 알 수 없다. 회사에서도 어떤 전문적인 일을 할 때에는 법률자문사 또는 회계자문사를 찾아 조언을 구하고는 한다. 형사조정에 대해서도 마찬가지이다. 나름대로 당사자들 본인의 주장도 중요하겠지만 필요한 경우에는 조정 전문가인 조정위원에게 자문을 구하고 최종 판단은 본인이 하는 합리적 의사결정을 권해 주고 싶다. 어떤 경우에는 무조건 변호사를 선임하여 해결하려는 사람들도 많이 있다. 나는 비교적 단순한 사건인 경우에는 조정위원의 중재와 권고를 알아본 후에 미진하다면 그때 가서 변호사를 선임하여도 무방하리라고 본다 자칫하면 변호사 비용만 더 들어가는 경우도 많이 있다고 말해 주고 싶다.

17.

형!! 내가 동네 사람들을
어떻게 보라고 그래?

피의자와 피해자 두 사람은 동네 사람으로 형 동생 하고 지내는 사이였
다. 오랜만에 동네에서 우연히 마주친 두 사람은 알 수 없는 이유로 형이
라는 친구가 동생의 목을 조르는 폭행을 하여 사건화된 건이다.

조정 당일 오전에는 두 사람 모두 전화가 되지 않아 문자를 발송하여 통
화해야 한다고 전했다. 오후가 되어서야 피해자로부터 전화가 걸려왔다.
그는 000 형 사건이냐 물어 와서 그렇다 하니 그는 그 사건을 없는 것으로
하였다 하며 그 형이 합의금을 00만 원을 준다 해서 본인이 '형 나보고 동
네 사람들을 어떻게 보라고 그래? 내가 돈에 환장한 사람이라고 하지 않
겠어?' 하며 거절했다고 하였다. 나는 사건이 검찰에 넘어와 이제 마지막
검사의 처분으로 종결해야 한다며 어떻게 하겠느냐고 확인 차 다시 물으
니 역시 조건 없이 합의하겠다고 하였다. 요즈음에 드물게 있는 경우였
다. 많은 사람들이 말로는 내가 합의금을 받지 않고 싶은데 그 친구가 계
속하여 같은 잘못을 저지르지 않게 하기 위해서라 하며 자기 합리화를 해
가며 합의금을 요구하는데 그 합의금도 턱없이 많이 요구하는 사람을 많
이 보아 온 터였다. 가해자는 여전히 전화도 받지 않고 전화도 걸려오지
않아서 부득이 피해자가 조건 없이 합의한다 하여 조정이 성립되었다고

문자 통지하고는 조정을 종결하였다.

사람은 관계가 중요하다. 체면(體面)이 중요한 것이다. 내 얼굴 체면을 봐서 이렇게 하기도 하고 저렇게 하기도 한다 체면의 사전적 의미는 남을 대하기에 떳떳한 도리나 얼굴이다. 그래서 서로 모르는 경우에는 두 사람이 모두 무시 못 하는 사람을 찾아 중간에서 중재하도록 함으로써 해결되는 경우도 있다. 체면을 중시하는 것은 한국인의 특성 중 하나라고 하지만, 일본 중국 등 대체적으로 정을 중시하는 동아시아인이 그러한 편이라 한다. 체면이 너무 강조되어도 안 되겠지만 체면을 깡그리 무시하는 사회도 바람직하지 않은 것 같다. 그래서 옛날 내가 어렸을 때에는 시골 고향에서 사고 친 후에 야밤에 서울로 도주하는 사례도 종종 있었다. 물론 이들 중에는 아주 드물게 성공하여 소위 떼먹은 돈을 되갚아 준 미담도 있고는 했었다.

종래의 응보적 사법에서 회복적 사법을 강조하는 형사조정을 통하여 이 사건의 두 사람의 관계는 옛날처럼 회복되었거나 그 이상의 관계가 될 것임에 틀림없을 것이다. 특별한 피해가 없는 경우에는 비록 상대방이 형법상 죄를 저질렀다 해도 용서와 관용을 베풀 수 있는 심리적 여유가 있다면 양 당사자의 관계는 종전의 모습으로 회복될 수도 있을 것이다. 이 사건의 피해자의 회복적 사법의 실천에 감사드린다.

18.

모든 것은 마음이 만든다(일체유심조, 一切唯心造) 긍정적인 삶을 살자

어느 고등학생이 아파트 단지에 잠금 장치해 둔 시가 40만 원 상당의 자전거를 잠금 장치를 풀고 절취하였다가 발각된 사건이다.

비대면 전화 조정을 하였는데 조정 당일에 피해자가 연락이 되지 않아 먼저 자전거를 절취한 학생의 어머니와 조정을 하게 되었다. 어머니는 절취한 자전거는 돌려줬으며 죄송하다고 하며 합의 의사가 있다고 하여 잘 합의될 수 있으리라 생각되었으나 합의금을 어느 정도 지급할 의사가 있느냐고 물으니 '아이가 이리저리 모은 돈이 50만 원 정도라며 합의금을 50만 원으로 제시'한다고 하며 아는 판사도 그렇게 조언하였다는 요지로 말을 하였다. 나는 아이의 양육 방식으로 자기 책임의식을 강조하는 것으로 이해할 수 있겠다며 긍정적으로 생각되기도 하였지만 아직 어린 고등학생이고 다른 사항도 아니고 범죄자로 입건된 사안인데 좀 더 유연성을 가져야 한다는 생각이 들었다. 나는 아직 피해자가 연락이 안 되니 피해자와 통화가 되면 어머님의 말씀을 전하고 상대방의 뜻을 파악한 후 다시 조정하겠다 하였다.

피해자와 연락이 되어 피의자가 고등학교에 다니는 학생이며 절취한 자전거를 돌려받았으니 이를 감안하여 합의금을 말해 달라 하니 이리저리 구실을 대며 좀처럼 합의금에 대해 말하지 않는다. 10여 분을 넘게 대화 끝에 피해자는 중고 판매 사이트인 00 마켓에서 잃어버린 자전거를 발견하여 돌려받았다고 하며 해당 자전거 시가의 3배 수준인 150만 원을 합의금으로 요구하였다. 이제 150만 원과 50만 원의 사이에서 중재하면 되겠다고 대충 100만 원 안팎으로 중재하면 되겠다 싶었다.

피의자인 학생의 어머니께 상대방이 요구하는 합의금을 말씀드리며 학생의 장래를 위하여 합의금 수준을 좀 더 높일 수 있는지를 여쭈었으나 물건을 돌려줬다며 당초의 아이가 모은 돈 수준을 고집하였다. 나는 합의금 수준을 낮추고자 하는 마음을 이해는 하였지만 '미성년자인 학생이 모은 돈 범위 내로 제한하는 것'은 너무하다는 생각을 지울 수 없었다. 하는 수 없이 좀 더 숙려의 시간을 가지는 것이 좋을 듯하여 양측에 며칠 후에 다시 연락하여 조정하겠으니 좀 더 서로 생각할 시간을 가지자고 하였다 그런데 오후에 이번에는 피의자 학생의 아버지가 전화를 걸어왔다. 아마 학생의 어머니가 남편에게 자초지종을 얘기한 것 같았다. 학생의 아버지께 지금까지의 조정 과정을 자세히 설명하였더니 합의금 50만 원은 경찰서에서 얘기가 나온 것이라며 합의금을 100만 원까지 지급하겠다 하였다. 나는 오늘은 상대방이 150만 원 이하로는 조정하지 않겠다 하였으니 며칠 후에 저희가 상대방과 잘 조정하여 최대한 노력해 보고 다시 알려드리겠다 하였다. 아버지는 상황 파악이 되었는지 잘 부탁드린다며 기다리겠다고 하였다. 나는 피해자가 자전거도 돌려받았으며 어린 학생인데 너무 합의금 욕심이 많다는 생각이 들어 일부러 며칠간 연락하지 않고 시간을 끌었다. 아니나 다를까 피해자는 스스로 합의금을 100만 원으로 하겠다고 도와 달라고 연락이 와서 다행히도 이 사건을 내가 생각하는 수준으로 합의할 수 있었다. 나는 아무리 피의자가 잘못을 했다 하더라도 피해자가 소위 사회 통념상의 범위를 넘게 합의금을 요구하면 선뜻 합의를 주선하고 싶지 않으며 다른 동료 조정위원들이 너무 조정성립에만 치중하여 사회 통념을 넘어가는 중재를 하는 데에는 좋은 평가를 해 주고 싶지 않다.

나는 이 사건을 조정하면서 일체유심조(一切唯心造)라는 말이 떠올랐다. "모든 것은 오로지 마음이 만든다"는 뜻이겠다. 이 말은 대승불교의 핵심경전이 화엄경(華嚴經)에서 유래된 말로 우주만물의 상호 연관성과 상호 의존성을 강조하며, 모든 존재는 서로 연결되어 있고 마음 또한 이러한 연결망의 일부라는 것이다. 이와 관련한 원효대사의 일화를 소개해 본다.

신라의 고승인 원효대사는 당나라 유학길에 잠시 쉬어 가기 위해 캄캄한 동굴에 들어갔는데 목이 말라 주변을 더듬던 그는 바가지에 담긴 시원한 물을 발견하고 단숨에 들이켰다고 한다. 갈증을 해소한 그는 단잠을 자고 아침에 깨어나 간밤에 마신 물이 해골 바가지에 고인 물이었음을 알고는 구역질을 하게 되었는데 이 순간 원효대사는 깊은 깨달음을 얻었다고 한다. 즉 어젯밤에 마신 물은 시원하고 달콤했지만 오늘 아침의 물은 역겹고 불쾌했다. 변한 것이 물이 아니라 그것을 바라보는 자신의 마음이라는 사실을 알고는 모든 것은 오직 마음이 지어낸다는 것을 깨달았다는 것이다. 이 사건으로 보자면 피해자 입장에서 보면 피의자가 준다는 50만 원에서 50만 원을 더 받았다고 생각할 수 있을 것이다. 한편 피의자는 피해자가 달라는 150만 원보다 50만 원 적은 금액으로 합의할 수 있었으니 서로가 윈윈(WIN-WIN) 하는 조정 아닌가?

컵에 물이 절반밖에 없는 것이 아니라 아직도 컵에 절반의 물이 남아 있다는 긍정적 사고와 칭찬은 고래도 춤추게 할 수 있다는 긍정의 힘인 것이다. 조금은 낮은 자세로 항상 꿈과 희망을 가지고 긍정적으로 남은 삶을 살자고 스스로 다짐하는 하루였다.

家和萬事成(가정이 화목해야 많은 일들이 이루어진다)이라 합니다

피해자와 피의자 두 사람은 처남 매제 사이이다. 피의자는 피해자의 손위 처남으로 아파트 주차장에 세워 둔 피해자 소유 차량의 보닛을 알 수 없는 도구로 긁어 흠집을 내고 오른쪽 백 라이트를 둔기로 내려쳐 파손하여 재물손괴죄로 입건된 사건이다. 경찰의 송치결정서에는 피해자가 피의자인 큰 처남에게 빚 독촉을 한 것에 불만을 품고 큰 처남이 범행하였다고 하며 영상에서 확인되었다고 기록되어 있었다.

비대면 전화 조정으로 피해자는 큰 처남에게 빌려준 돈이 5억여 원인데 5천만 원만 받았다며 큰 처남이 빚도 갚지 않고 심술만 부리고 차량 수리 견적이 200여만 원이 나왔다며 합의금으로 차량 수리비 정도를 요구한다고 하였다. 피의자인 큰 처남에게 확인하니 차량 수리 견적이 무슨 200여만 원이냐 하며 중고차인데 100만 원이면 된다고 합의금 100만 원만 주겠다고 하였다. 나는 피의자인 큰 처남에게 아무리 차량이 낡았다고 보닛을 중고 부품으로 수리하느냐 하며 적어도 수리비는 주어야 상대방이 합의해 줄 것 아니냐 하고 서로 조금씩 양보하여 합의하는 것이 좋지 않겠느냐 하며 설득하였다. 특히 가운데 끼인 여동생을 생각해 보라 하며 남편 편도 들지 못하고 그렇다고 오빠 편도 들지 못하는 여동생 입장을 헤아려

주실 수 있지 않겠느냐 하며 "옛말에도 집안이 화목해야 일이 이루어진다는 가화만사성(家和萬事成)이란 말이 있지 않습니까." 하며 최소한의 피해액을 변상해 준다면 매제도 고마워할 것이라고 설득하였으나 이런저런 매제 험담을 하여 나는 "선생님 이제는 사건을 추스러야 하는 때입니다. 조금씩 양보하지 않으면 합의를 할 수 없고 벌금이 많아지고 두 분의 관계도 더욱 어긋나게 된다"라고 설득해도 여전히 100만 원에만 합의하겠다고 하였다.

하는 수 없이 피해자인 매제에게 큰 처남이 차량 수리 견적이 너무 많다며 조금 조정을 원한다고 완곡하게 전하니 피해자는 수긍을 하면서도 큰 처남이 성질이 괴팍하고 빚도 안 갚는 주제에 차량까지 파손했다면서 그럼 차량 렌트비 50만 원은 본인이 부담하고 순수 차량 수리비 150만 원만 주면 합의하겠다며 하면서 "그 작자가 합의는 한다고 합니까" 하고 물었다. 나는 두 사람 사이에 끼인 여동생, 아내를 생각해서 화를 풀고 서로의 신뢰관계를 회복하여 그리 길지도 않은 삶을 평안하게 사는 지혜도 필요하지 않겠느냐고 반문하니 "그러게 말입니다." 한다. 하여 "화해의 손을 먼저 내미는 사람이 진정 용기 있지 않을까요." 하며 종교는 있느냐 물으니 이름을 대면 아는 OO 교회에 가끔씩 나간다고 하였다. 나온 김에 모태 신앙이냐 물으니 그렇지는 않다고 하여 "저는 모태 신앙인데 엉터리 신앙인입니다. 우리가 성경의 말처럼 원수까지는 사랑하지는 못하지만 우리와 가까운 친인척을 사랑은 못 하더라도 미워하며 살지는 않는 것이 어떨까요" 하였다. 피해자는 심리적으로 동요하고 있음을 느낄 수 있을 만큼의 어조로 "참 그게 잘 안 됩니다." 한다. 나는 맞장구치며 "그게 쉽게 되면 성인(聖人)이겠지요." 하며 장단을 맞춰 줬다. 피해자는 한숨을 쉬며 '그래도 내가 경제적으로 조금이라도 나으니 100만 원에 합의하겠다'고 하며 다시 그런 일을 하면 그때는 양보하지 않는다는 말을 꼭 전해 달라고 하였다. 나는 "참 잘 하셨습니다. 선생님 말씀을 꼭 전하도록 하겠습니다. 아마 아내 분도 선생님의 결정에 감사한 마음을 가지고 있을 것입니다." 하며 조정을 웃으며 마무리했다.

나는 이 사건을 계기로 두 사람이 완전한 신뢰 회복은 아니더라도 최소한의 불편한 관계가 아니었으면 하고 더욱이 사이에 끼인 여동생 아내의 입장을 헤아리는 오빠, 남편이 되는 기회가 됐으면 하였다. 천냥 빚도 말한마디로 갚을 수 있다고 하였다. 진심 어린 사과와 언행이야말로 남의 마음을 움직일 수 있는 것이리라. 그리고 나를 포함한 많은 신앙인들이 무늬만 신앙인이 아닌 진솔된 신앙인의 모습을 보여 주었으면 하는 아쉬운 마음이 들었다. 의인 10명이 없어서 멸망했다는 소돔과 고모라성 이야기를 떠올리며 내가 과연 우리 사회를 건져 내는 의인에 해당하는지를 반추해 보며 가정이 화목해야 모든 일들이 이루어진다는 평범하지만 쉽지만은 않은 사실을 나도 가끔씩은 실천하지 못하고 있음이 떠올랐다.

인생은 긴 마라톤

절도죄와 점유이탈물횡령죄

타인의 물건을 훔치면 절도죄로 처벌되는데, 비슷한 범죄로 점유이탈물횡령죄가 있다.

절도죄와 점유이탈물횡령죄는 범행 대상과 형량에 차이가 있다. 다만 불법영득의사가 있어야 성립한다는 것은 같다. 불법영득의사란 권리자를 배제하고 타인의 재물을 자기의 소유물과 같이 그 경제적 용법에 따라서 이용 또는 처분하는 의사를 말한다.

형법 제329조의 절도죄는 타인의 재물을 절취한 자를 범죄이며 6년 이하의 징역 또는 1천만 원 이하의 벌금으로 처분하는 범죄이다.

반면에 형법 제360조의 점유이탈물횡령죄는 유실물 표류물 또는 타인의 점유를 이탈한 재물을 횡령한 범죄로 1년 이하의 징역 또는 300만 원 이하의 벌금 또는 과료로 처벌하는 범죄이다.

두 죄의 큰 차이는 범행 대상이 타인의 재물이지만 점유이탈물횡령죄는 타인의 점유를 이탈한 재물이라는 데 차이가 있다. 즉 누군가 잃어버린 물건을 가져갔다면 절도죄가 아니라 점유이탈물횡령죄가 되는 것이다.

절도죄는 일반인들도 쉽게 이해될 것이며 사회생활에서 특별히 주의해야 할 사항이 없으나 점유이탈물횡령죄에 대해서는 많은 경우 중대한 잘못이라고 인지하지 못하고 순간적인 욕심으로 잘못된 선택을 하게 된 경우에는 대응을 잘 하여야 한다. 자신은 단지 주인을 찾아 주려 했었고 절도하려는 고의성이 없었다 하더라도 점유하고 있는 공간에서 이동시킨 경우, 대상 물건을 바로 경찰에 신고하지 아니하고 본인이 깜빡하고 집에 놔 둔 경우에도 책임을 져야 할 경우가 있으며 심지어는 현금의 경우에도 CCTV 등에 의해 습득해 간 사람을 특정할 수 있어서 책임을 져야 하는 경우가 있다. 폐지를 주워 고물상에 파는 할아버지 할머니들이 길거리 등에 방치된 물건을 버린 줄 알고 주워 가 고물상에 몇 천 원을 받고 팔고는 합의금으로 몇 십만 원을 주는 사례가 많이 있는데 참 안타까운 일이다. 이 외에도 버린 줄 알고 가져간 우산, 이어폰, 충전기, 자전거, 옷가지, 책상, 의자, 철근 등 이루 말할 수 없을 정도이다. 따라서 자신의 물건이 아니면 관심을 가지지 않는 자세가 필요하다고 말하고 싶다. 나의 조정 경험에는 심지어 700원 상당의 일회용 라이터를 훔쳤다고 경찰에 신고가 되어 사건화되고 있는 실정으로 이런 경우는 공권력의 낭비 아닌가 하는 생각까지 들게 하는 사건도 있는 시대임을 알려 주고 싶다. 절도죄와 점유이탈물횡령죄의 경우 검사가 형량을 정할 때 합의 여부, 죄질 등을 참조하여 처분 정도를 결정하고 있으므로 최대한 합의할 것을 권하고 싶다. 옛날에는 빈곤으로 인한 생계유지를 위하여 절도 등을 했지만 요즈음에는 자기의 수고 없이 쉽게 취득하려고 절도 등이 행해지는 것 같다.

★ 빈곤의 원인 결과와 악순환(빈곤학을 공부한 자료에 의함)

빈곤(貧困)이란 일반적으로 인간이 최소한의 생존 수준에도 미치지 못하는 상태라고 한다. 단순히 소득이나 재산이 적은 것뿐만 아니라 건강,

교육, 주거 등 다양한 측면에서의 결핍을 포함한다고 한다.

빈곤의 원인은 다양하고 복합적인 원인으로 인해 발생되며 크게는 구조적으로 산업구조의 변화, 기술의 발전, 인구학적 변화 등으로 일자리 감소, 저임금 노동, 실업률 증가 등으로 발생하며 개인 혹은 가정의 선택과 행동에 기인하는 부적절한 직업선택, 과도한 부채, 범죄 행위 등에서도 발생하게 된다고 한다. 또한 불평등 심화, 제도적 결함, 정부 정책의 실패 등으로도 발생하거나 심화될 수 있다고 한다.

빈곤의 결과는 건강 악화, 교육 기회 부족, 범죄율의 상승, 사회적 배제, 저출산과 저소득 고령화의 사회적 문제가 대두된다.

빈곤의 악순환은 원래 저개발국에서는 가난하기 때문에 자본이 형성되지 아니하고, 자본이 형성되지 아니하기 때문에 생산력을 높일 수 없어 빈곤이 악순환된다는 것이다. 빈곤층은 생존을 위하여 불가피하게 불법적인 일에 빠질 수 있으며 빚을 지게 되며 적정한 음식물 섭취가 곤란하여 건강을 해칠 수 있으며, 무엇보다 교육을 받지 못하여 직업 선택도 제한적이며 이로 인한 적절한 배우자도 만날 수 없으며 그 아이들도 또 교육을 받지 못하니 또 다시 빈곤하게 되는 악순환에 빠지게 되는 것이다. 그러므로 빈곤의 악순환을 끊으려면 본인의 노력은 물론 사회에서의 일시적인 구호보다는 빈곤층이 자립할 수 있는 제도적 기반을 만들어 주어야 하는 것이 무엇보다 중요하다고 하겠다.

21.

친고죄와 반의사불벌죄

친고죄는 피해자 즉 법률에 의해 정해진 사람의 고소가 있어야 수사를 진행하거나 공소를 제기할 수 있는 죄이다. 범죄 행위가 있었다 하더라도 피해자가 고소하지 않으면 경찰이 수사를 할 수 없으며 검사가 공소를 제기할 수 없는 범죄를 의미한다. 예를 들어 어떤 사람이 상대의 명예를 훼손하였더라도 명예 훼손당한 피해자가 사망하는 등의 사유로 고소를 할 수 없다면 처벌도 불가능한 것이다. 친고죄의 종류는 모욕죄, 사자(死者)에 대한 명예훼손죄, 비밀침해죄 등이 있으며 저작권법에도 친고죄가 있다. 따라서 친고죄의 경우 합의가 이루어지면 피해자로부터 고소취하서를 받아 처리하여 피의자는 공소권 없음 처분을 받아 벌금도 없게 되는 것이다.

한편 반의사불벌죄는 피해자의 의사에 반하여 처벌하지 못하는 범죄로 피해자가 명시적으로 가해자의 처벌을 원하지 않는 경우에는 처벌할 수 없는 죄이다. 반의사불벌죄에는 대표적으로 단순 폭행이 있으며, 외국원수에 대한 폭행. 협박죄, 외국사절에 대한 폭행 협박죄, 외국의 국기 국장 모독죄, 존속폭행죄, 과실 치상죄, 단순 협박죄, 존속 협박죄, 명예 훼손죄, 출판물 등에 의한 명예 훼손죄 등이 있으며 임금과 퇴직금 지급 등 금품 청산 의무를 위반한 자도 근로기준법 제109조제1항 및 퇴직급여보장법 제44조에 따라 피해자의 명시적인 의사와 다르게 공소를 제기할 수 없다. 그러나 반의사불벌죄로 규정되어 있지만 일정한 경우에는 피해자의 의사에 관계없이 공소를 제기할 수 있는 범죄도 있다 즉 교통사고처리특례법 제3조 제2항에 차의 운전자가 업무상 과실 치상죄 또는 중과실 치상죄를 범하고 피해자를 구호하는 등 도로교통법 제54조 제1항의 규정에 의한 조치를 하지 아니하고 도주하거나 피해자를 사고 장소로부터 옮겨 유기하고 도주한 때 등에는 공소를 제기할 수 있다.

친고죄와 반의사불벌죄의 차이는 친고죄는 피해자가 고소해야 한다는 요건이 반드시 있어야 성립하는 죄이고, 반의사불벌죄는 고소든 고소가 아니든 공소는 제기할 수 있으나 피해자가 처벌을 원하지 않는다는 명시적 의사를 표시한 경우에는 처벌할 수 없는 죄이다.

따라서 본인의 사건이 친고죄 또는 반의사불벌죄에 해당하는 경우인지 조정위원이나 검사실에 확인하고 상대방과 합의를 진행하여 피해를 최소화함이 바람직하다고 할 것이다. 한편 피해자도 본인의 사건이 친고죄 또는 반의사불벌죄에 해당하는 경우에는 이를 이용하여 합의금을 더 많이 받으려 할 것이므로 조정위원은 중재과정에서 피해자의 사회 통념을 지나치게 넘는 합의 요구에 대하여는 신중해야 하며, 아울러 피의자에게는 합의가 되는 경우 공소권이 없게 되어 벌금처분도 없음을 주지시켜 합의를 권고함이 바람직할 것이다.

★ 마라톤은 왜 42.195km인가?

마라톤이라는 명칭은 그리스와 페르시아가 전쟁을 벌인 지명(地名)인 마라톤 전투에서 유래했으며 그리스 연합군과 페르시아의 전쟁에서 극적으로 승리한 그리스가 승전보를 마라톤 평원에서 아테네까지 달려 승전보를 전하고 숨진 병사를 기리기 위해 이 종목이 탄생했다고 하는데 사실은 승전보가 아니라 스파르타에 원군을 요청하기 위한 것이었다고 한다. 이때의 전령은 임무를 완수한 후에 죽지도 않았고 아테네로 잘 돌아갔다고 한다.

마라톤의 거리가 42.195km인 것에 대해서는 마라톤평원에서 아테네까지의 거리라는 설이 있었으나 국제육상경기연맹의 조사 결과 마라톤평원에서 아테네까지의 거리가 36.75km로 밝혀지면서 이 설은 폐기되었다. 1896년 아테네 올림픽에서는 40km, 1900년 파리 올림픽에서는 40.26km 등 대회 때마다 제각각이었으며 42.195km라는 거리를 최초로 채택한 대회는 1908년 런던 올림픽이다. 영국은 야드파운드법이며 42.195km는 26마일 385야드로 이는 미터법으로도 야드파운드법으로도 애매한 거리가 되는 것이다. 원래는 영국 윈저성에서 출발하여 올림픽스디움까지 26마일(41.843km)로 결정되었으나 영국의 왕족들이 관람하고 있는 로열박스 앞에 결승점을 해 달라는 요청에 따라 385야드(352m)가 추가되어 42.195km가 되었다고 한다. 그리고 1924년 파리 올림픽 때 "1908년 런던 올림픽 때의 거리인 26마일 385야드(=42.195km)를 기준으로 하자"는 의견을 IAAF(국제육상경기연맹)가 공식으로 채택하여 확정하게 되었다고 한다.

22.

위로금과 위자료, 보상과 배상

이 두 용어는 자칫 혼용하여 사용할 수 있으나 차이가 있음에 유의하여야 한다.

사전적 의미를 보면 위로금은 '괴로움이나 슬픔을 달래고 덜어주거나 수고를 치하하기 위하여 주는 돈'이며, 위자료는 '불법행위로 인하여 생기는 손해 가운데 정신적 고통이나 피해에 대한 보상금'이다.

보상과 배상은 다른 사람에게 입힌 손해를 갚아 준다는 측면에서 비슷하지만 위법 또는 불법행위로 인한 것이냐 아니냐에 따라 구분된다. 보상은 국가 또는 단체의 위법 또는 불법과 상관없는 적법한 행위가 국민의 재산상 손해를 유발했을 때 이를 갚아 주는 것을 말하며, 위로금, 지원금, 물품 지원 등도 보상에 포함된다. 배상은 위법 또는 불법적인 행위 등으로 타인의 권리를 침해하여 손해를 끼친 경우 이를 원상대로 되돌리는 것을 의미하며 보통 금전적으로 처리하며 간혹 원상회복으로 배상하기도 한다. 변상이란 말도 자주 사용하는데 이는 위법성과 별개로 타인에게 피해를 끼쳤을 때 갚아 주는 행위를 말한다.

따라서 교통사고나 상해 등 피해자에게 주는 치료비 등에 포함된 것은 위자료이며 재물 손괴로 차량 등을 파손하여 수리비로 주는 것은 배상에 해당하는 것이다.

이 글을 정리하는 과정에서 무안 국제공항에서 새 떼로 인한 여객기의 불시착으로 181명 중 179명이 사망했다고 한다. 4월이 잔인한 달이라 했는데 12월이 잔인한 달인 것 같다. 12월 3일에는 비상계엄령 발령, 12월 9일에는 윤석열 대통령 탄핵, 12월 29일에는 무안 국제공항 항공기 사고가 발생했으니 말이다. 죽음과 애도는 인생에서 피할 수 없는 경험이다. 많은 심리학자들이 이 과정을 설명하고자 노력하였으며 그중 엘리자베스 퀴블로스(Elisabeth Kubler-Ross)의 이론은 특히 유명하다. 그는 1969면 '죽음을 맞이하며(On Death and Dying)'에서 애도의 과정을 아래와 같은 5단계 모델로 제시했으며 이 이론은 이별, 실직, 중대한 삶의 변화 등 다양한 상황에 적용될 수 있다고 한다.

1) 부정(Denial)의 단계: 현재 상황을 받아들이지 못하고 부정하려는 경향으로, 사랑하는 사람의 사망 소식을 듣고 그 사실이 현실이 아니라는 생각을 하는 것으로 충격적이거나 갑작스러운 변화에 대한 자연스러운 반응이라고 한다.

2) 분노(Anger)의 단계: 이 단계에서는 자신의 상황에 대해 강한 불만과 분노를 느끼는 단계로 '왜 나에게 이런 일이 일어나는가? 이것이 너무 불공평하다'는 생각이 들 수 있다는 것이며 이 감정은 자신이 통제할 수 없는 상황에 대한 반발로 나타난다는 것이다.

3) 협상(Bargaining)의 단계: 이 단계에서는 상실을 막기 위해 일종의 거래를 시도하는 단계로, 이 상황이 해결된다면 나는 더 좋은 사람이 되겠다. 종교에 귀의 하겠다 하는 식의 생각을 하는 것으로, 상황을 바꾸기 위한 노력의 하나라고 한다.

4) 우울(Depreession)의 단계: 이 단계는 현실의 상황을 인식하고 그로 인한 슬픔과 우울함을 느끼게 되는 단계로서, 자주 혼자 있고 싶어 하고 일상적인 활동에 흥미를 잃게 되는 과정이며, 이는 자연스럽게 겪게 되는 감정적 고통의 단계라고 한다.

5) 수용(Acceptance)의 단계: 이 단계는 상황을 받아들이고, 그로 인한 감정을 통합할 수 있는 단계로서, 현실의 상황을 인정하고 새로운 현실에 적응해 나가려는 마음을 갖게 되는 과정으로, 새로운 삶의 방식이나 관점을 찾아가려는 과정이라고 한다.

이 과정을 영문 앞 문자를 취해 DABDA 모델이라고도 하며, 이는 각자의 속도와 방식으로 순차적 또는 복합적으로 진행되는 것으로 이해되며 자신의 감정을 통제하고, 이를 통해 치유의 길로 나아가는 것이 중요함을 알고, 자신의 상황과 감정을 솔직하게 받아들이고, 필요할 때는 전문가의 도움을 받는 것도 중요한 것으로 생각되며, 특히 사건, 사고의 해결 과정에서도 적용하여 사건 처리 과정에서도 도움이 되기를 바라며, 어떠한 상실의 순간에도 좌절하여 포기하지 말고 희망과 치유가 있는 삶을 살기를 권하고 싶은 마음이다.

23.

교통사고 형사합의금의 법적 성격
─한국손해사정회 소비자마당 칼럼을 중심으로

교통사고 시 형사합의는 보통 사고차량이 보험에 들어 있고 그 보험에 의하여 피해자에 대한 민사상 배상이 모두 이루어짐에도 불구하고 사고를 낸 운전자가 형사처벌을 면하기 위하여 하는 경우가 많다. 이러한 교통사고 중에는 사망 사고, 사고 후 도주 등 12대 중대 과실을 위반한 사고인 경우 사고를 낸 운전자가 구속 또는 처벌을 면하거나 경감하고자 하는 것이다.

일반적으로, 사고차량이 종합보험에 들어 있지 않아 사고를 낸 운전자가 형사처벌을 받게 되는 경우를 우려하여 가해자는 피해자와 민사상 합의와 형사상 합의 즉 민형사합의를 하는 것이다.

반면에 형사합의는 다툼이 되는 민사부문 처리는 보험사의 결정 또는 민사소송에 의한 법원의 결정에 따르기로 하고, 순전히 형사상으로만 합의하는 것을 말한다. 즉 피해자가 가해자의 처벌을 원하지 않는다는 명시적 의사의 합의서를 작성해 준 데 대하여 금전적 사례를 하는데 이때 받는 돈을 형사합의금이라 한다. 형사합의금은 따로 정해져 있지 않아 일률적이지 않지만 사망 사고는 500~3,000만 원(물론 이 이하 또는 이 이상도 있다), 치상의 경우에는 진단 1주당 50만 원 내외가 보편적이다. 그리고 피해자는 민사상의 배상에 대해서는 보험회사 또는 민사소송에 따라 배상을 받게 된다. 문제는 형사합의금의 법적 성격으로 손해배상금의 일부라 해석하여 보험 처리 과정에서 손해배상금의 일부로 간주하여 손해배상금에서 공제당하지 않도록 할 필요가 있다. 우리 법원은 형사합의금의 성격을 당사자들이 명확히 밝히지 않으면 손해배상금의 일부로 간주할 수 있다는 것이다. 그 이유는 첫째 합의서에 형사합의금의 성격을 밝히지 않으면 합의 당시 당사자들의 내심의 의사를 잘 알 수 없다는 것이고, 둘째로 피해자도 어떤 경우에도 부당한 이득을 보아서는 안 된다는 것으로 만일 피해자가 보험회사 등으로부터 민사적 보상을 충분히 받고, 이에 더해 가해자로부터 형사합의금을 더 받는다면, 더구나 그 이득이 상당하다면 이는 손해를 배상한다는 법리에 어긋날 뿐만 아니라, 사고를 당하고 싶은 충동을 일으킬 수도 있게 되고, 실제로 사고를 유발시키는 경우도 발생하게 된다는 것이다. 따라서 형사합의금에 대해 그 성격을 밝히지 않으면 손해배상금의 일부로 간주하는 법원의 태도로 인해 형사합의금에 대해 많은 민원 또는 소송이 있어 왔다. 보험회사는 그들이 보상해야 할 금액에서 형사합의금의 공제를 당연스럽다는 듯이 주장하였고, 실제로 공제를 함으로써 피해자와 민원을 야기하거나 소송 등을 제기하게 했으며, 보험회사의 보상금에서 형사합의금이 공제된 경우 결과적으로 보험회사가 부당한 이득을 취한 결과가 되므로, 그 금액을 가해자(보험회사로서는 보험가입자 등)가 보험회사에 청구하는 소송이 제기된 것이다. 그리고 그 혼란은 아직도 계속되고 있다고 한다. 즉 법원은 형사합의금의 성격을 밝히지 않는 경우 여전히 손해배상금의 일부로 간주하여 형사합의금을 보험회사가 보상해야 할 금액에서 공제하는 것을 인정하고 있으며, 보험회사가 보상해야 할 금액에서 형사합의금을 공제한 경우 그 금액을 가해자가 보험회사에 청구하는 것을 인정하고 있다고 한다.

따라서 형사합의금은 손해배상금의 일부라는 것이 현재의 유력한 견해이다. 다만 법원은 형사합의금의 성격을 합의서에 명시한 경우에는 그에 따르며, 형사합의금이 소액인 경우, 예컨대 사망 사고에서 300만 원 이하인 경우에 있어서는 예외적으로 보상금과 별도의 것으로 인정하고 있다.

법원이 합의서에 형사합의금의 성격을 밝히지 않은 경우 손해배상금의 일부로 보는 탓에, 이런 사실을 아는 사람들은 애써 받은 형사합의금이 나중에 보험회사가 지급하는 보험금에서 공제당하지 않도록 그 성격을 합의서에 명확히 할 필요가 있는 것이다.

이 점을 고려하여 나는 형사합의금을 지급하는 경우에는 합의서상에 "형사합의금은 위자료이며 보험금 및 민사소송의 손해배상금의 상계대상이 아니다."라고 명기하고 피해자와 피의자로부터 서명을 받아 향후 발생할 수 있는 다툼의 소지를 없애도록 하고 있다. 물론 형사합의금을 공제하는 경우 가해자가 보험회사를 상대로 가지게 되는 부당이득청구권 또는 보험금청구권을 미리 피해자에게 양도하는 방법도 있을 수 있으나 현실적으로 효과는 같으나 복잡하여 잘 이용하고 있지 않은 것 같다. 조정 과정에서 이러한 내용을 잘 알고 있는 당사자들이 합의서를 검찰의 양식과 달리 작성하기를 원하는 경우에는 일반적으로 대리인을 변호사로 선정한 경우가 많아 당사자 간 합의서를 작성해 오도록 하여 형사합의금 지급의 뜻을 해하지 않으면 수용해 당사자 간 합의로 처리하고 있다. 따라서 교통사고로 인한 피해자와 피의자가 서로 합의 처리하는 경우에는 형사합의금에 대한 성격을 분명히 하여 둠으로써 형사합의금 지급의 본래 취지를 해하지 않도록 법률전문가인 변호사와 조정위원과 협의하여 처리함이 바람직할 것이다.

24.

합의금 정하기

사건이 형사조정으로 넘어와서 합의를 하기 위하여는 조정위원의 개입으로 합의금액에 대하여 양 당사자에게 합의금을 물어 합의 여부가 결정된다. 일반적으로 합의금액은 피해자는 많이 요구하고 가해자는 적게 주려고 하는 것이다. 그러므로 나름대로 당사자들은 합리적인 근거와 논리를 가지고 요구하여야 설득력이 있게 된다. 물론 아무리 합리적이고 객관적이며 타당성이 있는 방법으로 금액을 제시하여도 가해자가 경제력이 없는 무자격자이거나 서로의 감정의 골이 아직껏 풀리지 않은 등의 경우에는 합의가 되지 않는 경우가 있게 된다. 아무튼 합리적이고 객관성 있는 합의금을 제시하여야 상대방에게 설득력이 있어 합의 성공률이 높아진다.

이하 합리적 합의금 산출에 대해 생각해 보기로 한다.

먼저 손해액을 지급이 확정된 비용과 예상비용 등으로 나누어 제시하며 전자는 100% 요구하고 후자인 예상비용은 조정대상으로 하여 보는 것이 좋을 것으로 생각된다.

1) 확정된 비용: 객관성이 있는 확정금액으로 원칙적으로 조정의 대상
    으로 하지 않는다.
- 치료비: 폭행 상해 교통사고 등으로 인체의 손상 등에 대한 병의원 진
    료비로 이미 발생한 진료비
- 원상복구비: 자동차 사고의 수리비, 재물 손괴의 원상 복구비, 절도
    나 점유이탈물횡령으로… 대상 물건을 반환받지 못한 경우 대체 구
    입비 등
- 일손실액: 사고로 인해 일을 하지 못한 경제적 손실금액중 이미 발생
    된 비용
- 미지급비 등: 카드 부정 사용금액. 무전취식비, 택시 무임승차비 등 피
    해자에게 마땅히 지급해야 할 비용 등

2) 예상 비용 등: 상황에 따라 조정의 대상으로 하며 조정비율도 여러
    요소를 반영한다.
- 치료비, 간병비, 일손실액 등 추후 지급이 예상되는 금액
- 위자료: 피해자가 입은 정신적 손해에 대한 배상금
- 기타

일반적으로 조정위원은 조정단계에서 피해자가 합의 의사가 있는 경우
에는 합의액을 제시하도록 하는데 가급적이면 확정된 비용과 예상 소요
비용으로 구분 제시하도록 요구함으로써 피해자가 감정적으로 너무 과다
하게 요구하는 것을 방지하고 나름대로 설득력 있게 제시하도록 요구하
는 효과를 가질 수 있을 것이며, 피의자에게는 이미 발생 비용에 대해서

는 100% 배상을 하여야 한다는 것을 이해시키는 데 용이하며 예상 비용 등에 대하여서만 조정의 대상임을 알리는 데 용이할 것으로 생각된다. 실무적으로도 특별한 경우를 제외하고는 예상되는 비용에 대해서만 조정을 하는 것을 원칙으로 하면 피해자와 가해자를 설득하기 쉬울 것이다. 특별한 경우라 함은 가해자가 기초생활수급자 등 경제적 무자력이거나 정신질환, 치매 등 심신상실, 미성년자와 조정위원이 상당한 정상을 참작할 필요가 있다고 판단되는 경우 등을 생각해 볼 수 있다.

물론 아무리 조정위원이 합리적이고 객관적으로 합의금 수준을 조정하려 해도 어느 일방이 이를 받아들이지 않으려 하거나 경제적 능력이 없는 경우에는 합의가 이루어지기 어려운 것이지만 조정위원이 최선을 다하여 합의의 효과를 설명해 주고 양 당사자에게 합리적이고 객관적으로 합의금을 조정하도록 설득하고 이해시켜 당사자의 자율적인 선택을 이끌어내는 것이 바람직하다 할 것이다.

　　　　　　　　　　　　　　　　　　　인생은 긴 마라톤

형사처벌은 결과주의….
물증 등을 확보하여 부당한 피해를 막아야

 오늘의 사건은 60대의 남자가 자전거를 타고 횡단보도를 건너다가 때마침 횡단보도를 건너오던 40대의 남자와 부딪힐 뻔하자 40대 남자는 "야 새끼야 부딪힐 뻔 했잖아" 하여 60대 남자는 "죄송합니다" 하고 지나가려는데 "죄송하다고 하면 다냐? 너 같은 새끼는 구속시켜 버려야 한다" 하여, 가해자가 화를 참지 못하고 육두문자를 쓰며 욕을 했다는 것이다. 40대의 남자는 이를 경찰에 신고하였으며 경찰은 현장에 도착하여 자초지종을 물어보고는 서로 화해하고 가라 하여 길거리에서 진술서만 쓰고 갔는데 며칠 후에 경찰서에서 출두하라 하여 출석하여 보니 경찰은 상대방이 음성녹음을 제출하였는데 피의자의 욕설 부분만 있다 하며 모욕의 죄로 입건된 사건이었다.

 조정위원이 피해자에게 합의 의사를 물으니 200만 원 미만에는 합의할 수 없다고 하였다.

 한편 가해자는 탄원서를 제출하였다며 그 요지는 횡단보도를 지나는 청년을 자전거로 부딪힐 뻔하여 사과를 하였는데 청년이 먼저 욕지거리하여 화를 참지 못해 같이 욕을 한 사실이 있는데 상대방이 경찰에 신고하였으며 현장에 출두한 경찰은 서로 화해하고 가라 하여 사건이 끝난 줄 알았는데 피의자로 몰려 너무 억울하다. 그래도 한 50만 원은 합의금으로 줄 수 있다 하였다. 그러나 30여 분이 지난 후에 가해자가 다시 전화를 걸어와 너무 억울하고 괘씸하여 벌금을 낼지언정 그런 친구에게는 전혀 합의금을 줄 수 없다 하여 조정이 이루어지지 않았다. 조정을 하다 보면 상대방이 너무 괘씸하다며 국가에 벌금으로 낼지언정 그 친구에게는 1원도 주지 않겠다고 하는 비슷한 사례가 드물게 있다.

여기서 살펴봐야 할 것은 수사기관(경찰과 검찰)은 녹음을 조작하여 자기에게 유리한 부분만 편집하여 작성되었는지 확인하여야 할 것으로 경찰이 이 부분을 간과했다면 검찰에서 면밀히 살펴 부당하게 피해를 당하지 않도록 해야 할 것으로 생각되며 아마도 그렇게 하고 있을 것으로 믿고 싶다. 특히 녹음 등 SNS에 서투른 노년의 어르신들의 보호는 물론 이를 악용하는 젊은 친구들을 제재할 필요가 있다고 생각된다. 그리고 우리도 일상생활에서 자동차보험 사기 등이 있으며, 사건의 원인 제공을 하고는 달아나 버리고 엉뚱한 제3자가 가해자로 몰리며 이를 아니라고 밝히기도 어렵게 된 경험들을 한두 번씩 경험했을 것이다. 따라서 사고가 발생하는 경우에는 수사를 담당하는 자는 양 당사자의 진술과 이에 따른 객관적 물증을 통하여 판단할 수밖에 없을 것이므로 항상 정확한 사실을 증빙할 수 있는 사진 영상 녹취 등의 객관성 있는 물증을 확보하는 등으로 부당하게 피해를 보지 않도록 자기 방어에 한층 더 노력할 것을 권유하고 싶다.

26.

체불 임금의 지연이자
미지급에 대한 형사적 책임

 퇴직 근로자인 A는 노동청에 체불 임금으로 사업주 B를 진정하여 근로 감독관은 체불 임금을 300만 원으로 확정하여 검찰에 고발한 사건이다.

 피의자인 사업주 B는 고발 내용을 인정하고 체불 임금을 지급하겠다 하며, 피해자인 진정인 A는 지연이자 50만 원을 포함 350만 원을 합의금으로 요구하였다. 양 당사자 간의 조정을 시도하였으나 서로 조금도 양보하지 않아 조정이 불성립되었다고 통지하였는데, 사업주 A는 평소 알고 있는 B의 계좌에 체불 임금인 300만 원을 입금했다고 통지해 왔다. 문제는 조정이 성립하려면 피해자인 진정인의 진정취하서를 받아 첨부하여야 하는데 진정인은 이자를 받지 않았기에 진정 취하서를 제출할 수 없다고 하였다. 조정위원인 나는 난감하였다. 지연이자 금액을 조정하여서라도 합의를 유도하려 양측과 접촉하였으나, 피의자인 B는 체불 임금 대상자가 40여 명이 되는데 모두 체불 임금만 지급했으며 이 사건에 대해 지연이자를 주게 되면 다른 사람들도 지연이자를 주어야 하는데 경제적으로 불감당이라며 전혀 줄 수 없다는 것이다. 이해가 되는 말이라 생각되었다. 하는 수 없어 진정인 A에게 전후 사정을 설명하여 검찰을 통하여 체불 임금의 지급은 체불 임금액에 한하며 지연이자는 민사적으로 해결하여야 한다고 설명하며 진정서를 제출해 달라고 하였으나 진정인은 사업주인 B에게 수십 차례 원금만 받으면 합의해 주겠다 하였으나 응하지 않았다며 체불 임금을 받기 위해 노동청 국민권익위원회 등 수많은 고통과 어려움이 많았다며 지연이자를 주지 않으면 법대로 처벌해 달라 하였다. 조정위원인 나는 처리 기한은 다가오고 방법이 없게 되어 할 수 없이 마지막 수단으로 진정인에게 진정취하서를 작성, 제출하지 않으려면 입금액을 되돌려줄 수 있느냐고 진정인에게 물으니 생각한 바대로 진정인은 "무슨 말씀이냐?"고 반문하며 턱도 없다는 대답이었다. 아무리 설득하고 노력해도 진정취하서를 받을 수 없어서 부득이 형사조정조서에 자초지종을 사실그대로 충실히 작성하여 담당 검사실에 조정불성립으로 회부하여 사건을 마무리하였다. 아마 담당 검사가 지연이자에 대한 별도의 벌칙규정이 없어 죄형법정주의원칙에 따라 형사적 조치는 하지 않을 것으로 생각되었으나 진정취하서가 제출되었다면 더욱 깔끔하게 처리되었을 것이리라.

나는 곧바로 체불 임금에 대한 지연이자 미지급에 대해 검토를 해 봤다.

근로기준법 제36조(금품 청산)는 사용자는 근로자가 사망 또는 퇴직한 경우에 그 지급 사유가 발생한 때부터 14일 이내에 임금, 보상금, 그 밖에 일체의 금품을 지급하여야 한다. 다만, 특별한 사정이 있을 경우에는 당사자 사이의 합의에 의하여 기일을 연장할 수 있다. 만약 이를 위반하는 경우에는 3년 이하의 징역 또는 3천만 원 이하의 벌금형에 처한다고 규정하고 있다. 체불 임금 해결 방법으로는 해당 근로자가 근로감독관에게 알리는 진정서를 사업장을 관할하는 지방노동관서인 지방고용노동청 또는 고용지청에 접수하면 되며, 진정사건을 접수한 지방노동관서는 10일~14

일 근로자와 사업주를 상대로 사실조사를 진행한다. 근로감독관은 조사 도중 서로 화해를 권고하거나 사용자에게 시정명령을 내려 이를 이행토록 할 수 있으며 이때 서로 화해하거나 시정명령이 이행되면 근로감독관은 진정사건을 내사 종결하고, 시정명령이 이행되지 않으면 사용자를 검찰로 입건 송치한다.

미지급 임금에 대한 지연이자는 근로기준법 제37조(미지급 임금에 대한 지연이자)에 의해 연 20%의 지연이자를 지급하여야 한다. 이는 사업주가 지불 능력이 있어도 체불 임금의 청산을 지연시키는 것을 예방하고 조기 청산을 유도하는 간접강제제도이다. 지연이자의 대상은 임금과 퇴직금이라 규정되어 있기에 해고예고수당이나 휴업수당, 상여금 등 기타의 금품에 대해서는 적용되지 않으며 퇴직 근로자에게만 적용되고 재직 근로자에게는 적용되지 않는다. 다만 법37조를 위반하더라도 별도의 벌칙규정이 없어 형사적 책임은 없다. 또한 지연이자는 근로기준법 제36조의 금품에 해당되지 않아 지연이자를 지급하지 않음이 형사처벌의 대상이 아니며 노동청에서도 지연이자를 다루지 않음이 일반적이며 근로자가 민사소송을 통하여 지연이자 지급을 청구하여 다투어야 한다는 사실을 알았으면 한다.

27.

합의금을 입금할 수 없다 하여
합의금을 재조정하다

피의자는 차량을 운전하다가 병목 구간에서 상대방이 진로를 양보해 주지 않는다고 경적을 울렸다. 이에 화가 난 피해자는 정차한 뒤에 하차하여 경적을 울린 것에 항의한 후에 다시 1차로를 주행하였는데 피의자는 피해자 차량 앞으로 급격하게 진로를 변경한 뒤 1차로와 2차로 중간에서 급정차 하였고, 이후 재차 1차로로 변경하여 급정차 하여 피해자 차량이 급정차 하도록 하는 방법으로 위험한 물건인 자동차를 이용하여 피해자를 협박하여 피해자 차량의 블랙박스 영상 및 음성을 통하여 형법 제284조(특수협박)에 따라 피의자를 보복운전 혐의로 입건한 사건이다.

조정일에 피해자는 합의금 400만 원, 피의자는 합의금 200만 원을 제시하여 조정위원은 합의금 250만 원을 권고하여 양 당사자가 조정안을 수용하여 비교적 순조롭게 조정이 성립되었다.

피의자는 학생 신분으로 합의금을 2회 분할하여 지급하기로 한 후에 1회분 100만 원은 피해자의 계좌에 입금하였으나 나머지 금액을 입금하지 않아 조정위원은 여러 차례 입금을 독려하였다. 독려 후 며칠이 지나 피의자로부터 전화가 걸려와서 "더 이상 합의금을 입금할 능력이 없습니다" 하는 것이 아닌가. 나는 그의 진정성을 확인할 겸 그럼 조정이 불성립

94   인생은 긴 마라톤

되는데 입금한 금액을 반환받을 계좌를 알려 달라 하여 계좌를 받아 두었다. 피해자에게 곧바로 전화를 하여 자초지종을 이야기하고 혹시 어려우시겠지만 합의금을 100만 원으로 낮춰 줄 수 있느냐고 물었다. 다행히 피해자는 단칼에 거절하지 않고 며칠간의 생각할 시간을 달라 하였다. 경험칙으로 보면 이런 경우에는 피해자가 합의금을 양보해 주는 경우가 많았다. 며칠이 지나도 연락이 없었다. 조정 기한도 다가오기에 할 수 없이 내가 먼저 확인해 보기로 하고 전략 구상을 해 봤다. 먼저 피의자와 통화를 하여 미지급 합의금이 100만 원이니 양측이 서로 양보하여 50만 원만 더 입금할 수 없느냐 하니 안 된다고 했다 다시 그럼 30만 원은 어떠냐 하니 20만 원이면 가능할 것 같다고 하였다. 다시 피해자에게 조심스럽게 전화를 걸어 피의자가 학생 신분으로 경제력이 없는 것 같아서 겨우 설득하여 추가로 20만 원을 입금하도록 하였으니 양보해 줄 수 있느냐 물으니 피의자가 학생이고 돈도 없어 보였다며 다시는 보복운전을 하지 않도록 주의를 주시고 20만 원만 추가로 입금하면 합의해 주겠다 하였다. 나는 피해자에게 양보해 주셔서 감사하다 고맙다고 말씀드리고 내일 중으로 바로 입금하라 하겠다 하였다. 다음날 피의자는 20만 원을 추가로 입금하였고 조정성립으로 조정을 마치게 되었다.

　조정을 하다 보면 아주 드물게 합의금 재조정을 요구하는 경우가 있다. 피해자가 요청하는 경우에는 증액을, 피의자가 요청하는 경우에는 감액을 요구하는 것이다. 이때에는 상대방의 의중을 잘 살펴볼 필요가 있다. 정말 피해손해액이 부족해서인지, 경제력이 없어서인지 판단해서 대응할 필요가 있다. 한번 약속한 합의금은 지켜야 함이 당연하겠지만 때로는 상황 변화에 유연하게 대처하여 재조정에 임할 필요가 있다고 본다. 우리는 상대방의 어려운 처지도 돌아보며 살피고 역지사지(易地思之)할 수 있는 여유도 있었으면 좋겠다는 생각이 들었다. 피의자가 잘못을 했지만 그의 어려운 사정을 배려해 준 피해자에게 머리 숙여 고마움을 표하며 하루를 마쳤다.

인생은 긴 마라톤

형사조정조서의 작성 요령과
라포(RAPPORT) 형성

형사사건이 조정에 회부하여 처리하는 사건인 경우에는 담당검사는 사건당사자의 조정 신청을 확인하여 형사조정실에 조정을 회부하게 되고 형사조정실은 조정 일자를 정해 사건 당사자와 조정을 진행하게 되며 이 때 조정 진행 내용을 작성하는 서면이 형사조정조서이다.

형사조정조서는 조정 단계에서의 내용을 간단 명료하며 충실하게 작성하여 최종적으로 담당 검사의 처분 결정에 필요한 정보를 제공하는 중요한 서면이라고 생각하며 다음 사항에 유의하여 작성하면 좋으리라고 생각된다.

1) 6하 원칙에 충실하되 간단 명료하게 작성한다. 즉 누가, 언제, 어디서, 무엇을, 어떻게, 왜를 분명히 밝혀 주는 것이다. 주어가 불분명하거나 합의금은 얼마를 요구하는지, 왜 조정에 응하지 않는 것인지 등을 확실히 파악하고 확인받아 기록하는 것이다. 예를 들면 합의 의사 없다고만 기록하면 합의금이 많아 합의할 뜻이 없는 것인지, 감정상 합의할 뜻이 없는 것인지 등 그 이유를 알 수 없는 것이다.

2) 조정이 성립된 경우에는 합의금 입금 사실에 대한 객관적인 증빙서와 피해자의 확인 서명을 첨부하는 등 검사의 처분에 필수적이거나 필요한 자료를 첨부하여야 한다.

3) 조정이 불성립된 경우에도 불성립 사유가 무엇인지 합의금의 문제인지, 합의 의사가 아주 없어서인지 등 검사의 처분에 참고할 사항을 충실히 파악하여 기록한다.

4) 합의 가능성이 있으나 조정 시한상 부득이 조정불성립하는 경우에도 조서에 그 내용을 기록하여 조정 사건을 검사실에 넘긴 후에도 검사실에서 추가적인 조정 노력을 할 수 있도록 노력한다.

5) 조정위원은 조정성립률이 중요한 것이 아니라 조정 과정이 중요하다고 생각한다. 나는 모든 조정위원들이 라포 형성 기술을 습득하여 당사자들과 좋은 신뢰관계 소위 라포(RAPPORT)를 형성하며 합의의 효과를 설명하고 설득함으로써 합의 여부에 대한 당사자들의 자율적 선택을 도우며 사회 통념상 바람직하다는 범위 내에서 조정에 임하는 자세여야 한다고 권하고 싶다.

★ 라포(RAPPORT)의 형성

라포는 프랑스어 심리학 용어로 사람과 사람 사이에 생기는 친밀감 또는 상호 신뢰관계를 형성하는 것을 말한다. 서로 간에 신뢰관계가 형성되어야 진심 어린 대화가 가능할 것이기 때문에 피해자 피의자는 물론 조정위원 간의 그리고 일반인의 경우에도 좋은 관계 형성을 위하여는 서로 간의 라포 형성은 매우 중요하다고 생각된다.

라포를 형성하기 위한 기술로는 다음과 같다.
1) 적극적인 경청과 그에 맞는 반응이다.
   상대방의 말을 주의 깊게 듣고, 그에 맞는 반응을 보이는 것이다.
2) 공감과 이해로써 상대방의 입장에서 생각하고 그 감정을 이해하려는 노력을 기울인다.
3) 긍정적인 바디랭귀지인 비언어적 표현도 라포 형성에 큰 역할을 한다. 미소, 고개 끄덕임, 눈맞춤 등이다.
4) 유머로 긴장을 풀고 서로의 거리를 좁힌다.
5) 진솔한 대화로 따뜻한 마음과 신뢰를 쌓는다.

29.

준사법기관인 근로감독관의
체불액 판단을 존중하자

이번 사건은 진정인이 2명으로 사업주와 진정인이 체불액을 서로 다르게 주장하여 근로감독관이 판단한 금액으로 검찰에 고소한 사건이며, 사업주는 수감 중으로 친형이 대리 조정에 임하였다.

진정인1은 체불액을 1,500만 원이라 주장하였고 사업주는 진정인1이 회사에 10억 원을 투자하는 등으로 근로자가 아님을 주장하며 체불액이 없다 하여 근로감독관은 체불액을 500만 원으로 판단하였다. 한편 진정인2는 체불액을 1,000만 원이라 주장하였으나 사업주는 체불액이 300만 원이라 주장하여 근로감독관은 체불액을 300만 원이라 판단하여 검찰에 고소한 것이었다.

조정일에 나는 진정인1에게 사법권이 있는 근로감독관이 판단한 체불액은 500만 원이라고 설명하여도 진정인은 본인이 주장한 1,500만 원이 아니면 합의할 수 없다고 강변하였다. 한편 진정인2에게 근로감독관의 판단이 300만 원이라 하니 지금 해외출장으로 공항이라면서 조정에 응할 수 없다고 하였다. 피의자인 사업주를 대리하는 친형에게 자초지종을 설명하니 이러한 상황으로는 동생을 만날 수 없다며 진정인의 요구 사항을 확정하여 주면 동생을 면회하여 결정하겠다고 하였다.

진정인2가 해외출장에서 오는 날을 고려하여 2주가 지난 후에 진정인2에게 전화를 하였다. 먼저 해외출장을 잘 다녀왔느냐 물으니 명랑하게 대답해 주어 기분이 좋았다. 지난번에는 조정에 응하지 않겠다 했는데 준사법권이 있는 근로감독관이 양측의 주장을 듣고 판단한 체불액이 300만 원이니 사업주가 진정인2에게 지급해야 할 체불액이 300만 원이라며 설득하니 합의액을 300만 원으로 하겠다고 하였다.

다음은 진정인1과 통화를 하여 사법권이 있는 근로감독관이 양측의 주장을 듣고 수사하여 판단한 금액이 500만 원인데 사업주가 그 이상 주겠다고 하겠느냐 하니 진정인1도 지난번에 주장한 1,500만 원을 고집하지 않고 500만 원에 합의한다고 하였다.

이제는 피의자인 사업주의 친형의 차례였다. 먼저 진정인 두 사람 모두 근로감독관이 판단한 체불액으로 합의하기로 하였다 하니 다음 주 중으로 동생을 면회하여 결정을 하겠다고 하였다. 조정인인 나는 "형님께서 말씀을 조리 있게 해 주셔서 감사하고 시쳇말로 먹물을 드신 분 같습니다." 하니 인정하는 웃음을 지었다. 차제에 동생 분과 형제애가 좋은 듯하다며 몇 살 차이냐 물으니 3살 차이라 하며 동생이 정치외교학과를 나왔는데 2금융권에 길을 잘못 들었다고 하였다. "조정위원인 저는 1금융권에서 근무했는데 2금융권 중에는 리스크가 많은 업종도 있다"라며 위로를 전하면서 동생 분과 잘 협의하여 다음 주에 좋은 결과를 알려 주었으면 한다고 하며 전화를 끊었다. 1주일 후에는 잘 되어야 할 터인데 하는 마음을 가지고 퇴근하며 오늘은 나름대로 보람 있고 좋은 피의자를 만난 하루였다는 생각이 들었다. 10여 일이 지난 후에 피의자인 사업주의 형으로부터 전화가 걸려와서는 동생이 진정인이 말하는 내용대로 합의하겠다고 하여 조정이 원만히 이루어졌다.

　세상에 살면서 여러가지 서로의 이해가 달라서 여러 가지 다툼을 만나게 되는데 이때 우리는 서로가 협의하여 다툼을 해결하거나 아니면 법원 등 제3자의 결정에 따르기도 한다. 이번 사건과 같이 준사법권을 가지고 있는 근로감독관이 서로의 주장을 듣고 판단한 금액을 서로 존중하여야 상대방도 수용할 수 있으며 쉽게 합의에 이를 수 있는 것이다. 물론 준사법권을 가진 경찰관의 판단에 불응하여 법원의 판단을 구한다 해도 법원의 판사는 특별한 사유가 없는 한 준사법권을 가진 경찰관의 의견에 따라 판단할 것이다. 또한 그 금액이 크지 않은 경우 소송으로 인한 시간적 경제적 비용을 따진다면 피해자에게 크게 유리하지도 않을 것이다. 서로의 갈등을 최대한 빨리 해결하고 본연의 일에 집중하고 마음의 평정을 가지는 것이 훨씬 좋지 않을 것인가를 잘 판단하여야 할 것이다. 좋은 선택을 한 후 그에 전심을 집중하여야 좋은 삶을 살 수 있음은 당연하다 할 것이다.

　나는 체불 임금 사건은 특별한 사유가 없는 한 준사법권을 가진 근로감독관이 자료와 증빙을 기초로 조사하여 판단한 사항을 존중하여 그의 결정에 따라야 한다고 생각한다. 물론 그 근로감독관이 편견이나 오판한 경우에는 제외하고 말이다. 만일 이번 사건에서도 진정인이 계속하여 자기 주장을 굽히지 않고 합의하지 않았다면 조정은 이루어지지 않았음은 물론 이어지는 검찰의 처분과 법원의 판결 등 이루 말할 수 없는 사회적 비용이 소요될 것이고, 그 결과 또한 근로감독관이 특별히 판단 잘못을 한 경우를 제외하고는 크게 달라지지 않을 것이라고 확신한다. 본인이 판단하기 어려운 경우에는 조정위원에게 솔직하게 자문을 도움을 구하여 현명한 결정을 자기 책임하에 할 수 있어야 할 것이며 조정위원도 중간자의 입장에서 상대방이 좋은 선택을 할 수 있도록 편견 없는 중재자의 역할을 할 수 있어야 한다고 생각한다. 나는 모두가 자기 위치에서 정확하고 정당하게 업무 처리를 하고 이를 서로가 존중한다면 보다 더 많은 사회적 갈등이 없어지거나 쉽게 해결될 터인데 하는 생각이 들게 하는 사건이었다.

30.

용서는 하나님이 주신 선물!
어머님 하늘에서 상급이 클 것입니다

　이번 사건은 오토바이 배달로 생계를 유지하는 30대의 남성이 보호자 없이 혼자 걸어오는 9세의 여아를 뒤따라가 단 둘이서 엘리베이터에 탑승한 후, 피해자 여아에게 '이거 봐라' 하면서 자신의 성기를 보여 주어 피해자의 모친이 112에 신고하여 성폭력범죄의 처벌 등에 관한 특례법 위반(13세 미만 미성년자 강제추행), 아동복지법위반(아동에 대한 음행강요 매개 성희롱 등)과 건조물침입으로 입건된 사건이다.

　경찰은 주변 상가 및 CCTV 등을 면밀히 수색하여 피의자를 특정하였으며 피의자는 범죄 사실을 모두 시인하였다. 피해자의 모친은 경찰의 수사 단계에서 어린 딸을 상대로 조사하는 것도 싫고 아이에게 그날 일을 상기시키고 싶지도 싫다 하였으며, 경찰이 주변 순찰을 강화해 주기를 원하는 것이지 피의자의 처벌을 원하지는 않는다며 처벌불원서를 제출하였다고 기록되어 있었다.

　조정 당일에 피해자의 모친과 통화하니 피의자의 재발 방지 및 아파트 주변에 오지 않겠다는 약속을 한다면 합의금도 필요 없고 처벌을 원하지 않는다고 송치결정서에 언급된 요지로 합의 의사를 밝혔다. 이 말을 들은 우리 조정위원 세명은 이구동성으로 100에 하나 있을까 말까 한 대단한 어머님이라고 하면서 아이에게도 긍정적 효과가 있을 것이고 복 받을 것이라고 입에 침이 마르도록 칭찬하였다. 한편, 피해자 모친의 말을 조정위원으로부터 전해 들은 피의자는 재발 방지 및 그 아파트 주변에 가지 않겠다고 약속드린다며 피해자의 모친께 감사하다고 꼭 전해 달라 하였다.

이후 절차에 따라 조정을 성립 처리하여 사건을 마무리했다.

요즈음의 세상에는 본인이 유리한 위치에 있으면 터무니없는 합의 조건을 주장하는 등 갑질? 하기 일쑤이고 덮어씌우며 과도하게 합의금을 요구하려 하는데 이번 사건의 피해자 어머님처럼 훈훈하고 통 크며 진정으로 아이의 미래를 위한 혜안을 가지신 분을 참으로 드물게 뵌 것 같아 기쁜 마음으로 한주를 마감하게 됨에 감사하며, 성경에 있는 대표적인 용서의 표현을 떠올렸다.

예수가 십자가에 못 박혀 형을 집행 당하였을 때 한 말이다.

"아버지여 저들을 사하여 주옵소서, 저들이 하는 것을 알지 못함이 나이다"라는 말이다.

우리는 어린 손자가 할아버지의 수염을 잡아당기며 때려도 할아버지는 웃기만 하며 그럼에도 예뻐하며 뽀뽀해 주지 않는가! 바로 어린아이인 손주가 무얼 하는지 모르기 때문인 것이다. 남에게 용서를 구하는 말을 하기도 어렵지만, 남을 용서해 주기는 더욱 어렵다. 루이스 스미디스가 쓴 《용서의 미학》에서 '과거의 모욕과 상처에서 회복되지 못하고 자신의 미래까지 망쳐 버리는 이들에게 용서는 유일한 치료법이며 하나님의 선물이다'라고 했다.

나는 이 사건의 어린이는 어머니의 인품과 용서를 본받아 반드시 훌륭한 인품을 가진 사람으로 성장하게 될 것임을 믿어 의심치 않는다. 아니

반드시 그런 축복을 받아야 할 것이다. 세상에는 베풀 수 없는 사람은 없다고 한다. 일반적으로 베푼다 하면 경제적으로만 생각하는 경향이 있으나, 경제적인 것 이외에도 웃음을 줄 수 있으며 사랑을 베풀 수 있으며 이번 사건과 같이 용서를 베풀 수 있는 것이다.

피해자 아이의 어머님 정말 고맙고 감사합니다. 아이가 몸과 마음이 착하게 잘 자랄 것이며 하늘에서의 상급이 클 것입니다.

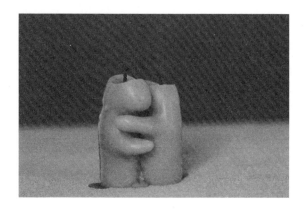

31.

용서를 실천해야 한다는 목사님 말씀에 조건 없이 합의하다

이 사건은 대형 병원 주변의 약국촌에서 주차 안내를 하는 사람과 약국에 찾아온 손님 간에 주차 문제로 실랑이를 하면서 주차관리원이 상대방을 밀쳐 단순 폭행을 한 사건이다.

피해자는 해외출장을 나가는 중이라며 합의금을 100만 원 요구한다고 하였으며, 피의자는 자기는 폭행을 하지 않았는데 무슨 합의금이냐고 따지듯이 항의하며 합의금을 주고는 합의하지 않겠다고 하여 1차 조정이 결렬되었다.

보름이 지난 후에 다시 피의자와 검찰의 태블릿 폰으로 통화를 하니 피의자는 무슨 핸드폰으로 전화를 하느냐 보이스피싱 아니냐 하여 나는 검찰에서 조정을 하는 과정에서 문자도 보내고 사진도 보내야 해서 모바일 폰을 업무용으로 사용하고 있다하여도 전혀 먹혀 들지 않아 일반 국선 전화로 다시 전화를 걸어 대화를 하게 되었다. 피의자는 폭행을 하지 않아 상대방을 다치게 하지 않았다며 합의할 수 없다고 했다. 그래서 요즈음은 멱살을 잡거나 밀치거나 등도 폭행이라 하니 밀친 적은 있다고 시인하여 "그것이 바로 폭행인 것입니다." 하니 그때서야 어떻게 하면 좋으냐고 물어 왔다. 나는 상대방이 합의금을 100만 원을 요구하고 있는데 피의자는 어느 정도면 합의할 수 있겠느냐 하니 또 다친 것도 없는데 무슨 돈을 달라 하느냐고 하였다. 나는 합의를 하는 경우와 그렇지 않을 경우의 차이를 설명하며 합의할 경우 공소권 없음을 설명하니 그럼 상대방 요구액의 절반인 50만 원까지는 합의하겠다 하였다. 나는 다시 상대방과 협의하여 합의금이 확정되면 상대방 계좌 번호를 문자로 보낼 터이니 그 계좌에 입금하면 된다 하니 피의자는 무슨 계좌 입금이냐 하며 바로 벌금 부과통지서를 보내 달라 하여 사건의 절차와 과정을 쉽게 풀어 설명을 해도 전혀 받아들이지 않았다. 결국 피의자는 경찰에 물어보고 연락한다고 일방적으로 전화를 끊어 버렸다.

다시 피해자에게 연락하여 상대방이 합의금을 50만 원까지는 준다고 합니다 하니, 상대방은 깜짝 놀랄 말을 하였다. 합의금을 받지 않고 그냥 합의하겠다며 본인이 크게 다치지도 않았고 어제 용서를 실천하는 사람이 참 신앙인이라며 '당연히 신자가 할 일을 해 놓고 왜 다른 사람이 알아주지 않느냐? 하는데 이런 사람은 이미 상급을 받았다. 오른손이 하는 일을 왼손도 모르게 하라는 성경의 말과 같이 은밀한 용서를 하라'는 목사님의 설교가 있었다며 신앙인의 양심상 도저히 괴로워서 안 되겠다고 하였다. 나는 정말 오랜만에 참 신앙인을 뵌 것 같다고 고맙고 감사하다며 "그러한 신앙을 가진 선생님은 언젠가는 복 받을 것입니다. 존경합니다. 상대방도 분명히 많이 느끼고 감동할 것입니다." 하며 조정을 즐겁게 마쳤다. 그래서 종교가 필요한 것이로구나 하는 생각이 들었다. 젊었을 때 어느 명사가 "신이 존재하든 존재하지 않든 종교는 필요하다. 그래야 가끔씩이라도 자기를 돌아볼 시간을 가질 수 있다"고 한 말이 떠올랐다. 그래 바로 이런 맛에 조정위원을 하는 것이야. 조금 힘들더라도 보람 있는 일을 계속하는 거야 하며 힘을 내자며 내 자신을 달래 볼 수 있는 하루였다.

6~70년 대에는 내 자식 때려서라도
사람 만들어 주라 했는데…

초등학교 1학년 담임 선생님이신 여성 분이 사건의 피의자로 조정에 회부되어 왔다.

송치결정서 요지를 보니 교실에서 아이들이 싸우는 과정에서 물건이 내동댕이쳐서 누가 그랬느냐 학생들에게 물으니 학생들이 아무개라고 하여 담임 선생은 그 아이를 나무라며 복도에 나가 있으라고 짜증스럽고 퉁명스럽게 이야기하였으며 그 학생의 태도가 불손하여 집으로 귀가시키고 학생 어머니한테 알렸다고 한다. 담임 선생님은 그 일로 교장, 교감 선생님이 참관하는 참관 수업까지 받았으며 얼마 후에 경찰에서 학교폭력으로 고소되었다는 내용이었다.

사안의 중요성 때문인지 조정 기일을 통지하자마자 피의자인 담임 선생님은 학생 부모님과 합의하였다며 그 사건을 종결해 달라고 요청하여 나는 통지한 조정 기일에 양측에 합의 여부를 확인하여 조치하겠으니 조정일에 다시 통화하자고 하였다. 담임 선생님은 그 후에도 조정 기일 전에 몇 차례 전화를 걸어와서 학생을 귀가 조치한 것은 이미 그 학생의 어머님과 사전에 자녀 분이 다시 말썽을 일으키면 교육 차원에서 귀가 조치를 하겠다고 말씀드려 허락을 받은 것으로 알았다며 귀가 조치의 정당성을 주장하면서 합의하면 어떻게 되느냐는 등 여러 사항을 물어 왔다.

조정 기일에 먼저 피해자 학생의 어머님에게 합의 의사를 확인하니 다시는 그리하지 않겠다는 확약을 받고 합의해 주기로 하였다고 하여 조건 없는 합의서를 받았으며 피의자인 담임 선생님께도 상대방이 조건 없이 합의한다고 하여 조정성립으로 검사실에 송부하였다고 전했다. 이번 사건은 다른 사건과 달리 끝까지 법적으로 다투지 않고 피해자의 학부모님이 열린 마음과 혜안으로 순조롭게 해결되어 다행이라는 생각이 들었다.

나는 학교 선생님의 학생에 대한 폭력을 두둔하는 것은 아니지만 학교 선생님의 훈육성 언행 등을 일반 사회에서의 폭력과 같은 기준으로 다루어야 하는 것인지는 사회적 합의가 시급한 사안이라는 생각을 떨칠 수가 없었다. 심지어는 얼마 전에는 학원에서 수강생이 강의 시간에 연필 장난을 하는 것을 빼앗았다고 사건화된 사안도 있었다. 이 사건을 처리한 후 조정위원인 나는 참으로 씁쓸하였다. 우리가 자랄 때인 6~70년대에는 학부형들이 선생님을 만나면 항상 "선생님! 내 자식 때려서라도 사람 만들어 주세요"가 인사였는데… 어쩌다 세상이 이렇게 삭막해지고 이 지경까지 갔는지 정말 아쉬움을 금할 수 없었다. 결국은 학교 선생님의 정열을 떨어뜨려 장기적으로 국가와 사회에 도움이 되지 않을 것임이 명백할 것인데 말이다. 이 글을 쓰고 있는 중에도 강남의 모 초등학교 선생님이 학교 폭력에 휘말려 극단적인 선택을 했다고 매스컴은 대서특필했다. 누구나 목숨을 스스로 버린다는 결정은 함부로 하지 않는다 얼마나 억울하고 아무도 귀 기울여 주지 않았으면 세상을 버리는 극단적은 선택을 했을까 하는 생각이다. 폭력은 정당화되어서는 안 되겠지만 훈육적 소위 사랑의 채찍은 필요할 것이다 물론 그 한계가 모호하겠지만… 그렇다고 이렇게 내버려두며 방치하는 것이 우리 국가와 사회에 도움이 되는지 사회적 합의를 모아야 한다고 생각되었다. 오늘은 씁쓸한 하루였음이 분명했다. 물론 요즈음은 자기 자식을 때렸다고 사건화 되는 시대이며 초등학교에서도 부모님이 때리면 경찰에 신고하라고 교육하는 시대이니 이제는 가정에서 든 학교에서 든 사랑의 매는 기대할 수 없는 것일까? 영국의 속담이 떠올랐다. Spare the rod, spoil the child. 매를 아끼면 아이를 망친다는 뜻으로 부모의 역할, 훈육의 중요성을 강조하는 말이며 누구에게나 규칙을 강요하지 않으면 그 사람이 잘못된 행동을 계속할 것임을 암시하면서 나쁜 행동에 대한 제재의 필요성을 말하는 교육적인 메시지라는 생각이 들었다.

인생은 긴 마라톤

33.

조정위원이 보이스 피싱으로 몰리다

내가 근무하고 있는 사무실에는 유선전화가 2대가 있으며 각종 양식이나 자료 등의 사진이나 문자 등을 주고받을 수 있는 업무용 태블릿 전화가 1대 있다. 조정은 위원회제도로 3인 1조로 구성되어 있다. 국선전화 2대는 다른 두 조정위원이 사용하고 나는 부득이 태블릿 전화를 사용할 수밖에 없다.

어느 날 합의가 성립되어 입금일이 지나 피해자로부터 입금 여부를 확인하여 합의서를 받는 절차를 진행하려고 피해자에게 태블릿으로 전화를 걸었다. "OOO이시지요. 합의금 입금이 되었는지요?" 하니 상대방은 다짜고짜로 "야! 이런 전화하지 마! 네 이름이 무어야? 다 녹음하고 있다. 할 일이 없어서 보이스피싱이나 하냐?" 하고 호통을 치는 아주머니의 쌀쌀맞은 음성이었다. 다시 태블릿 화면에 뜬 전화번호를 말하며 자초지종을 설명하여도 듣지도 않으려 하고 막무가내였다. 돈을 입금하라는 것도 아니고 합의금이 입금되었는지 하는 물음이었는데도 말이다. 나는 하는 수 없이 전화를 끊고 다시 한번 형사조정회부서상의 전화를 확인하니 아뿔싸, 전화번호가 이 페이지 다르고 저 페이지 다른 것이 아닌가. 이 페이지에는 정확한 전화번호인 010-xxxx-xxxx으로, 저 페이지에는 잘못된 010-xxxX-xxxx으로 적혀 있었다. 내가 잘못된 전화번호인 010-xxxX-xxxx으로 전화를 걸었던 것이다. 그래도 그렇지 내가 전화번호를 알려주며 이러저러한 용건을 말하면 "그런 사람 아니다 잘못 건 전화다" 하면서로 매너 있게 끝날 일을 보이스 피싱으로 오인하며 소위 쥐 잡듯이 하는 것이었다. 나는 상대방이 보이스 피싱에 피해를 본 적이 있을 수도 있었다고 스스로 위로하며 매너 없는 제3자가 내 기분을 좌우하지 않도록 하자고 내 나름의 방어기제로 활용하여 마음을 추스렸으나 기분이 깔끔하지는 않았다. 오는 말이 고와야 가는 말도 곱다 하지 않는가? 우리가 전화 받는 예절을 배워서 알고 있는데도 사람들이 너무 자기 중심적이며 상대방을 배려하지 않는 요즈음의 세태에 안타까움을 금할 수 없었다.

진정으로 여유 있고 살맛 나는 세상은 나의 잘못에 대해서는 엄격하고 다른 사람의 잘못은 관용을 베풀 수 있어야 하리라. 용서의 미덕까지는 아니더라도 말이다. 나는 기억한다. 88 올림픽 때 공영방송 등에서 버스 탈 때 줄서기를 하여야 한다고 강조하여 우리 국민 모두가 버스를 기다릴 때 너나 나나 모두가 한 줄로 줄을 섰고 줄을 서지 않으면 버스의 문도 열어 주지 않는 기사님도 계셨었다. 그러나 안타깝게도 88 올림픽이 끝나고 공영방송에서 줄서기에 대한 방영을 중단하니 줄 서는 모습이 흐지부지 되고 마는 것을 경험했다. 나는 공영방송에서 인성에 교육 내지는 홍보를 지속적으로 하여 질서를 지키지 않고 예절을 지키지 않는 사람이 스스로 부끄러움을 느끼도록 하여야 한다고 생각한다. 나 어릴 때는 공공장소에서 어떤 사람이 예의에 벗어난 행동을 하면 어르신들이 나무라는 것을 많이 보았다. 요즈음은 어떤가? 공공장소에서 나무랐다 가는 당신이 왜 내 아이 기를 죽이냐고 대들고 창피를 주어도 옆에서 누구 하나 돕기는커녕 말리지도 못하는 세상이다. 인간의 삶을 돕기 위한 문명의 이기 등을 악용한 보이스 피싱과 딥페이크 등의 범죄자들이 발붙일 수 없는 시스템을 하루 빨리 만들었으면 하는 생각을 하며 씁쓸하게 하루의 일을 마쳤다.

★ 대표적인 보이스 피싱 사례

보이스 피싱 피해 유형은 대출 관련형, 가족이나 지인 사칭형, 정부기관 사칭형이라 한다. 대표적인 보이스 피싱 사례를 알고 피해를 입지 않았으면 한다.

사례 1) 금융기관 사칭하며 더 낮은 금리의 대출 상품을 제안하는 방식

고금리 대출을 먼저 갚으라 거나 대출 비용을 선입금하라 하며, 상대방이 자신의 대출 내역을 훤히 알고 있어 은행 등 금융기관임을 의심하지 않게 한다. 어떤 방식이든지 송금을 유도하는 전화는 모두 보이스 피싱이라고 생각하기 바란다.

사례 2) 검찰, 경찰, 금융감독원을 사칭하며 금융 범죄에 연루되었다며 개인정보를 요구

"00 검찰청 김xx 수사관입니다. 000를 아시나요?" "모릅니다."라고 대답하면 '000 씨가 당신 명의로 대포통장을 만들어 범죄를 저질렀다'며 범죄의 공범이면 유죄라고 위협하며 확인 차 신용조사를 해야 한다며 카드번호, 비밀번호, 주민등록번호 등 개인 정보를 요구하는 경우이다.

사례 3) 가족이나 지인을 사칭하며 송금을 유도하거나 해킹 앱을 깔게 하는 방법

"엄마 나 휴대폰이 고장 나서 친구 폰으로 전화했어. 휴대폰 바꾸게 돈 좀 보내 줘 내 계좌 번호는 1234-5678-00 xx은행이야 100만 원만 바로 보내 줘" 하는 식이다. 또한 요즈음은 딥페이크 혹은 AI로 원하는 목소리를 쉽게 만들 수 있어서 울고 있는 자녀의 목소리를 들려주며 교통사고나 납치했다며 금전을 요구하는 것 등도 딥페이크란 딥러닝(Deep learning)과 가짜(Fake)의 결합으로 인공지능 기술을 기반으로 한 가짜 이미지, 오디오, 비디오를 말한다. 최근에는 이 기술을 이용하여 가짜 동영상, 가짜 뉴스 등을 유포하며 협박하는 등 범죄에 악용하여 사회적 이슈가 되고 있다.

사례 4) 은행이나 카드사를 사칭하며 개인 정보를 요구

대출이나 카드대금이 연체되었다며 연락한 후 그런 일이 없다고 하면 그러면 명의를 도용당한 것 같으니 확인해야 한다며 카드번호, 비밀번호, 개인 정보를 요구하고 경찰에서 곧 연락 갈 것이라며 전화를 받으라고 한 후 경찰을 사칭하여 전화를 하여 경찰에 출두하여야 하는데 편리를 위해 전화로 한다며 각종 정보를 요구하여 편취하는 방법이다.

사례 5) 우체국, 택배 회사를 사칭하며 계속 반송된다며 개인 정보를 요구

"수취인 부재로 우편물이 반송됩니다. 확인하시려면 0번을 눌러 주세요" 또는 "00 택배입니다. 택배가 반송되었으니 자세한 내용을 알고 싶으면 0번을 눌러 확인해 주세요" 하여 본인 확인을 위해 과도한 개인 정보

입력을 유도하여 범죄에 악용하는 경우이다.

사례 6) 복권이나 경품에 당첨되었다며 본인 확인을 위해 개인정보를 요구하여 악용하는 경우이다.

★ 보이스 피싱 예방법
- 전화나 문자로 대출을 권유하는 등으로 자금 이체를 요구하는 경우 무 대응하거나 보이스피싱을 의심한다.
- 경찰, 검찰, 금융감독원이라며 수사나 조사를 위하여 필요하다며 개인 정보를 요청하는 경우 모두 보이스 피싱을 의심한다.
- 가족이나 지인 등이라며 급하게 자금 이체를 요구하는 경우 확인되지 않는 경우에는 응하지 않는다.
- 택배나 추첨에 당첨되었다며 본인 확인을 위해 개인 정보를 요구하는 경우 응하지 않는다.
- 알지 못하는 링크 등에는 접속하지 않는다.

★ 보이스 피싱 피해를 당한 경우
경찰청 112에 신고, 금융감독원 1332로 신고, 해당 금융기관 고객센터에 지급정지 신청을 한다.

★ 보이스 피싱 피해 구제 신청
보이스 피싱 피해자는 소송 절차 없이 신속하게 피해 금액을 반환받을 수 있으므로 사기범 계좌에 돈을 이체하였다면 경찰서에 신고하여 "사건

사고사실확인원"을 발급받아 해당 금융회사에 '피해구제 신청서'를 제출 후 사고 이용 계좌의 지급 정지를 신청(긴급하거나 부득이한 경우에는 전화로도 신청 가능)한다.

34.

형사조정은 법 지식이 아닌
인성을 바탕으로 해야 한다

내가 근무하는 청은 두 개 팀의 조정실을 운영하고 있으며, 각 팀은 3명으로 상근위원 2명과 비상근위원 1명으로 3인으로 구성되어 있다. 각 팀에는 남녀 각 1명씩 상근위원으로 구성되어 있다.

팀 구성은 상근위원의 경력과 성별 등을 고려하여 배정되었으며 연령별로는 6~70대로 겉으로 보기에는 한국적인 장유유서의 문화적 배경을 보면 큰 마찰은 없을 듯 보였다.

그러나 처음 상근위원제도를 시작할 때 일을 잘 해 보자고 얘기한 비교적 경력이 있는 위원에게 책임자 역할을 주문하는 듯한 선의의 말이 상근위원 간의 상하를 스스로 만들어 내며 간섭하지 않을 것에 관여하며 수평적으로 운영되어야 할 위원회는 지시하는 듯한 수직적 운영으로 시간이 지나면서 파열음을 낼 수밖에 없었다. 그것도 소위 경력이 있다 하는 책임자 역할을 자처하는 상근위원의 연령이 7~10년 아래였으니 더욱 그러하였으며 개인의 성격도 더욱 그러기에 충분하였다. 탐색 기간 및 적응 기간인 2달여를 지난 즈음에는 큰소리로 상대를 힐난하는 등으로 말다툼도 있기도 하였다. 그런 일은 우리 방뿐 아니라 옆방도 비슷했다. 내 생각에는 나이가 60도 넘어 인생을 살 만큼 살았으며 승진도 없고 성과에 따른 대우도 차이가 없으며 근무 기간도 차이가 없는 수평적 조직 형태의 위원회인데 안타깝기 그지없었다. 설령 조그마한 실수가 있다 하더라도 차선책을 찾으며 서로를 감싸 주며 위로하고 서로가 다름을 인정하며 존중하고 서로에게 감사하며 근무하리라고 생각되었는데 상상 이외였다. 때로는 심한 모멸감을 느끼기도 하였으며 내가 이 나이에 이러한 환경에 있어야만 하는가 하는 정도였지만 나는 이러한 정도도 이겨 내지 못하는가 하며 매일 참을 인(忍) 자 몇 개씩을 가지고 출근하였다. 심지어는 어떤 날에는 내가 준비해 온 그날의 참을 인(忍) 자가 다 소진되기도 하였다. "이 또한 지나가리라. 내가 부족해서이지" 하며 스스로 자위하고 소 보듯 말 보듯 하려 했지만 말만큼 쉽지 않았다. 다투고 난 후에는 "우리 이제 서로 잘 지내 보자" 하기도 하며 말 못 할 인고의 시간을 보냈다. 더러는 주위에 도움을 청해 보기도 했지만 더 악화되기만 하였다. 그러던 중한 7~8개월이 지난 후부터 서로가 서로에게 익숙해지면서 상황이 호전되기 시작하였다. 서로를 배려하기도 다름을 인정하기도 하면서 우리 팀은 소위 환상의 팀으로 변하기 시작했다. 나는 물론 나의 파트너인 여성 위원의 노력과 인내와 배려라고 생각하며 감사한 마음의 연속이었다. 그러던 어느 날 상근위원 전원의 미팅이 있다 하였다. 이때는 무슨 특별한 일이 있다는 것을 나는 감각적으로 알고 있다. 나의 파트너인 여성 위원이 귀띔을 해 주었다. 팀 내 파트너를 바꾼다는 것이다. 사실 우리 조정위원회를 담당하고 있는 검찰 행정실장이 미리 내 파트너에게 양해를 구하였던 것이다. 전원 미팅에서 파트너 교체가 통지되었다. 나는 이제 우리 팀은 성숙기에 접어들었는데 하는 심정이었으나 이렇게 변경하게 된 이유를 대충은 짐작하고 있는 나는 어쩔 수 없는 선택이리라 하며 검찰측의 결정을 긍정적으로 수용하였다.

파트너 교체가 있은 지 며칠 후 퇴근 무렵에 난 파트너 교체도 되었으니 분위기 쇄신을 위해서도 남성 위원끼리 술 한잔하자고 하였다. 이 말을 곁에서 듣던 행정실장이 같이 참석해도 되겠느냐고 하였다 나는 가문의 영광이라 하며 같이하자 하여 우리 남자들 셋은 인근 술집에서 그간의 회포도 풀며 파트너 교체에 대한 얘기도 나누었다.

문제는 그 후유증이었다. 행정실장으로부터 휴가에서 귀가 운전 중인 내게 갑자기 전화가 걸려왔다. 직감적으로 무슨 일이 난 것이구나 하며 전화를 받았다. 아니나 다를까 며칠 전 술을 같이한 남성 위원과 서로 말다툼이 있었고 그 증인으로 나에게 확인을 받으려는 것이었다. 마음속으로 '이 친구들 같이 술 한 잔도 못 하겠군' 하는 생각이 들었다. 급기야는 휴가 후 첫 출근한 날 며칠 전 술자리에서 있었던 일에 대하여 상근위원 전원의 미팅이었다. 나는 양측의 이야기를 듣고 대충 정리를 해 주었으나 자기의 주장만 하고 남의 말을 듣지 않으려 하여 얼굴을 붉히는 일이 있었다. 아 이 사람들 조직 운영도 모르는 친구로구나! 협조를 구하고 서로 합의를 할 사항이 있어 의견을 제시하고 협의가 안 되면 결정 권한이 있는 자의 결정에 따라야 하는지도 잘 모른다는 말인가! 자기의 주장만 하면 합의가 안 된다는 것을 피의자와 피해자 간의 합의를 중재하는 조정위원이 절실하게 매일 느끼면서도 말이다.

위원회는 협의체이며 서로를 존중하며 나와 의견이 다를 수 있음을 인정하고 인간으로서 기본적인 예의를 지켜야 한다는 것쯤은 알아야 하지 않는가? 나만 옳고 내 생각과 다르면 틀렸다고 지적하는 듯하는 자세는 있어서는 안 된다는 정도는 알아야 하는데도 말이다. 형사조정은 법으로 하는 것이 아니라 상호 라포를 형성하면서 성숙하고 세련된 인성으로 해야 하지 않는가? 조정위원 간에 서로 다투면서 어찌 피해자와 가해자에게 중재를 하며 합의를 이끌어 낼 수 있다는 말인가? 그래서 열 길 물속은 알 수 있어도 한 길 사람 속은 모른다는 속담이 있겠지! 상근위원 4명을 운영하는데도 심지어는 000와는 같이 조정하지 않게 해 달라는 등 마치 우리 사회의 축소판처럼 아름답지 못한 모습을 보는 것 같아 심히 안타깝고 한심하기도 하였다. 인생 자체가 인생무상(人生無常)하며 한바탕 꿈이라 하지 않는가! 우리의 삶은 짧고 우리가 걸어온 행적은 긴 것이라고. 사람에게 중요한 것은 우리의 본 바탕인 인성(人性)이라고!!! 조금 알고 있는 법 지식으로 조정하는 것이 아니라 슬기로운 지혜와 좋은 인성을 바탕으로 조정해야 한다는 것을 우리 조정위원 모두가 명심해야 하며 조정제도를 운영하는 검찰에서도 조정위원에 대한 다면평가 제도를 도입하는 등 조정 환경을 최적으로 유지하도록 특별히 유념하여야 한다고 강조하고 싶다. 그렇게 되어야 사회에 검찰 서비스(Prosecution Service)를 담당하는 기관의 역할을 더 잘 할 수 있을 것이라는 생각이 들게 하는 날들의 연속이었다.

인생은 긴 마라톤

35.

합의금을 지급한 근거를
검사에게 제시하고 싶다

한 남자를 사이에 두고 전 연인과 현 연인 세 사람 사이에 벌어진 사건으로 전 연인(A)은 전 남친(B)의 집에 침입하여 주거침입죄를 범하였으며 그 자리에서 전 남친(B)의 현 연인(C)을 폭행하였으며, 한편 C는 A의 폭행에 대항하여 A를 특수 상해한 사건이다.

조정일에 전화 조정을 하니 B는 A의 주거침입죄에 대하여 합의금 200만 원을 요구하고, A는 C의 특수 상해에 대하여 합의금 800만 원을 요구하였으나 C는 A에게 합의금을 600만 원을 지급하겠다 하여 조정이 성립되지 않았으며 며칠간의 서로 생각해 볼 시간을 갖기로 하였다.

〈도표〉

A	주거침입		B
	→		
	합의금 200만 원 요구		
	←		
A	폭행	조건 없는 합의	C
	→		
	특수상해	800만 원 요구	
	←		
	600만 원 지급		

조정위원인 나는 어떻게 조정을 성공적으로 이끌지 고민을 하던 끝에 사건의 세 사람의 가운데 끼인 남자 B와 잘 협의가 되면 해결될 수 있겠다는 결론에 이르렀다. 우선 위 <도표>를 B에게 문자로 발송한 후에 통화를 하였다. 도표에서 보는 바와 같이 사건이 구성되었으니 C가 A에게 합의금 600만 원을 지급하고 기타 사건은 조건 없이 합의하는 것이 어떻냐고 물으며 당신의 전 연인 현 연인 관계이니 가운데서 역할을 할 수 있겠다 싶어 먼저 조정 의사를 묻는 것이라 하니 잠시 망설이더니 그렇게 하겠다고 답하였다.

먼저 남자 B가 양측 전, 현 연인에게 통화할 시간을 기다렸다가 1시간쯤 뒤에 나는 A에게 위의 <도표>를 문자로 발송한 후에 전화를 걸어 C로부터 특수 상해에 대하여 합의금 600만 원을 지급받고 기타 사건에 대하여는 조건 없이 합의를 권고한다 하니 A는 수정안을 제시하며 다음과 같이 설명하였다. 즉 본인의 주거침입죄에 대하여 피해자 B에게 합의금을 지급한 근거를 검사님께 제시하고 싶으니 C로부터 합의금을 800만 원을 받고 그 대신 B에게 주거 침입에 합의금으로 200만 원을 지급하면 결과적으로 합의금은 같아지니 그렇게 해 달라고 하였다. 소위 GROSS와 NET 차이로 처분 수위를 낮추려는 것이다. 이 말을 듣는 순간 '아 이게 무슨 뜻이지' 하며 생각해 보니 '야 이 친구 이 분야에 도사이구나' 하는 생각이 머리를 스쳤다. 즉 주거침입죄는 친고죄도 반의사불벌죄가 아니니 검사가 공소권 없음 처분이 아니어서 별도의 처분이 있을 것에 대비하여 본인의 주거침입죄에 대해 피해자에게 충분한 피해 배상을 해 주었다는 근거를 제시하려는 것임을 알아차렸다. 나는 양 당사자에게 합의금을 Netting 하면 금액이 같게 되니 특수상해에 대한 합의금 수준을 800만 원이 아닌 700만 원으로 하고 A인 당신의 주거 침입에 대한 합의금을 100만 원 지급한 것으로 하면 서로 수용할 범위에 들어갈 것이라고 설명하니 역시 고수답게 그렇게 하겠다고 하여 조정이 성립되었다.

오늘은 생각지도 않은 고수를 만났으나 이 정도는 머리 좋고 경험 많은 검사님들이 이런 트릭을 안 써도 충분이 그 내용을 파악하고 처분 결정을 할 것이라 생각되었다. 하여튼 수년간의 조정 기간 중에서 새로운 조정 경험을 쌓게 한 좋은 기회였다고 생각되었으며 필요시 이를 원용하면 조정 당사자를 설득하는 데 도움이 되리라고 생각되었다.

★ GROSS와 NET의 개념

GROSS는 우리 말로 "총"을 뜻하며, NET는 "순(주고 받은 금액을 정산 후의 금액)"을 뜻하는 것으로, 위 사례에서 A가 받는 합의금은 GROSS 즉 총 100만 원이나, NET 즉 순 합의금은 0원인 반면 현 연인끼리인 B, C가 받는 총 합의금은 700만 원이며, NET 즉 순 합의금은 600만 원인 것이다.

36.

피해자는 사망하고 그 배우자는 행방불명되어
법적 분쟁 우려 합의 거절

 이번 사건은 피해자가 이륜차를 운전하던 중에 신호등이 설치되어 있는 사거리에서 신호를 무시하여 직진하여 오는 카니발 승용차와 충돌하여 치료 중에 사망한 사고로 담당 검사실에서는 피해자의 유족인 피해자의 누나를 조정 대상자로 지정하였다.

 조정일에 피해자의 누나와 통화하였다. 피해자의 누나는 다시 그녀의 아들과 조정하라 했으며 그 아들은 '피해자인 외삼촌은 외국인 여성과 위장 결혼하였고 그 여자는 가족관계증명서상에 처로 등재되어 있으나 사실은 위장결혼으로 결혼 후 3개월 만에 본국으로 출국하였고 둘 사이에는 아이도 있지 않으며 존속인 부모도 모두 사망하였으며 또한 피해자는 결혼 1년 후에 아내를 실종신고 한 상태라며, 그렇지 않아도 이 사건 때문에 변호사 등 법률전문가의 자문을 구했는데 "만일 피해자의 아내가 나타나서 보험금을 피해자의 누나인 어머니가 수령한 사실을 안다면 보험금 반환소송을 당할 수 있다"면서 조정에 나서지 않겠다'고 하였다.

 나는 상속 순위에 대해 알아본 후에 피해자의 조카에게 필요한 자료(가족관계증명서, 외국인 여성의 출국확인서, 실종신고서 등)를 구비하여 진정서를 작성하여 담당 검사실에 직접 방문하여 도움을 청하는 것이 좋겠다고 안내해 주고 조정은 당분간 유보하기로 하였다. 10여 일이 지난 후에 피해자 측에 연락하여 어떻게 진행되고 있느냐고 물으니 '나름대로 알아볼 만큼 알아봤다며 변호사의 조언대로 나중에 법률혼관계인 처가 나타나서 복잡한 법적 다툼이 싫다며 합의 당사자가 되고 싶지 않다'고 하여 조정불성립으로 처리하였으며, 담당 검사가 최대한 피해자를 구제하는 방법을 강구하도록 형사조정조서에 필요 사항을 명기하여 조정을 마무리했다.

이 사건에서 얻은 교훈은 복잡하고 전문적인 법률 문제로 추후에 법적인 다툼이 우려될 때에는 조정위원회에서 조정을 섣부르게 추진하지 말고 보다 더 전문적인 사건 처리 담당 검사실에서 신중한 검토 후에 조정을 하도록 권고하여 추후에 이에 따른 법적 분쟁이 발생하지 않도록 처리함이 바람직하다는 생각이 들었다. 이 사건의 법적 문제인 상속 순서에 대해서도 알아보았다.

★ 상속 순위(민법 제1000조 제1항 및 제1003조 제1항 참조)

상속인은 다음의 표와 같은 순서로 정해지고 피상속인의 법률상 배우자는 피상속인의 직계비속 또는 피상속인의 직계존속인 상속인이 있는 경우에는 이들과 함께 공동상속인이 되며, 피상속인의 직계비속 또는 피상속인의 직계존속이 없는 경우에는 단독으로 상속인이 된다고 규정하고 있다.

순위	상속인	비고
1	피상속인의 직계비속(자녀 손자녀 등)	항상 상속인이 됨
2	피상속인의 직계존속(부모, 조부모 등)	직계비속이 없는 경우 상속인이 됨
3	피상속인의 형제자매	1, 2순위가 없는 경우 상속인이 됨
4	피상속인의 4촌 이내의 방계혈족 (삼촌, 고모, 이모 등)	1, 2, 3순위가 없는 경우 상속인이 됨

* 판례는 피상속인의 배우자와 자녀 중 자녀 전부가 상속을 포기한 경우 배우자와 손 자녀 또는 직계존속이 공동 상속인이 되는지, 배우자가 단독 상속인이 되는지에 대하여 배우자가 단독 상속인이 되는 게 자연스럽다고 했다.

37.

외국인의 신분증 체류 기간 연장 등

외국인이 체류 기간을 연장하여 계속 체류하려면 법령으로 정하는 바에 따라 체류 기간이 끝나기 전에 비자 연장 허가를 받아야 한다. 비자 연장 허가를 받지 않은 경우에는 대한민국 밖으로 강제퇴거 당할 수 있으며 3년 이하의 징역 또는 3천만 원 이하의 벌금에 처해진다.

체류 기간은 체류 자격 등에 따라 다르며 체류 기간이 만료되기 전에 (입국일로부터 90일 이내) 외국인 등록 신청과 체류 기간 연장 등을 신청해야 하며 다음 사항을 알고 대응해야 한다.

★ 외국인 신분증 종류와 명칭
- 외국인 등록증(ALIEN REGISTRATION CARD)
- 영주증(PERMANENT RESIDENT CARD)
- 외국국적동포 국내거소신고증(OVERSEAS KOREAN RESIDENT CARD)

★ 체류 기간
(1) 단기체류자(B, C계열—최대 90일 이내)

(2) 장기체류자 및 영주자격소지자: 외국인 등록증, 영주증, 거소신고증 소지자로 각 신분증 뒷면에 허가일자와 만료일자가 적혀 있으며, 만료일 이전에 체류 기간 연장 신청을 해야 한다.

- 외국인 등록: 90일을 초과하여 대한민국에 체류하게 되는 외국인은 입국일로부터 90일 이내에 외국인 등록을 해야 한다.

- 체류 기간 연장

체류 기간 만료일 2개월 전부터 만료일까지의 기간에 체류 기간 연장 허가를 받아야 한다.

* 만료일이 지난 이후 연장신청을 할 경우 범칙금이 부과된다.

38.

합의금 증빙서 제출 문제로
조정이 불성립되다

    피해자는 중학교 체육 강사로 체육 수업 중에 한 지적 장애 학생이 한손으로 볼을 드리블하고 싶은데 두 손으로 하게 한다며 고함을 지르자 강사는 그 학생을 해당 수업에서 제외시켰으며 이에 화가 난 학생은 화단에서 약 10cm 정도 크기의 돌을 주워 피해자에게 던져 발목 부위를 폭행하고 도주하던 중 피해자인 강사가 이를 제지하자 뺨을 수차례 때리는 폭행을 하였으며 피해자의 안경을 바닥에 던져 파손하였다.

    수사를 담당한 경찰관은 피의자가 의사소통이 원활하지 않아 복지카드를 제출 받아 장애 정도 중증으로 확인하였으며, 피해자로부터 약 2주간의 치료를 요하는 상해진단서를 확인하였다.

    피의자의 모친은 피해자에게 사과도 할 겸 대면 조정을 원하였으나 서로의 일정이 맞지 않아 대면 조정은 이루어지지 않았다. 피해자는 합의금으로 처음에는 1천만 원을 요구하였으나 여러 차례의 중재 끝에 500만 원으로 조정되었다. 가해자 측 학생의 어머니는 아이가 중증 장애인이며 정말 착하다고 호소하며 피해액에 대하여 배상해 주겠다며 치료비 영수증을 확인하고 싶다고 하였으나 피해자는 영수증 제출을 거부하는 과정에서 양측은 감정적 대립까지 발생하였다. 나는 가해자 측에 검찰 단계에서의 합의는 피해자의 합의 요구액에 대한 객관적인 근거 제시가 필수적 요건이 아니며 피해자가 제출을 거부하는 경우 이를 강제할 수 없다고 정중히 설명하였으나 가해자 측은 한사코 치료비 영수증을 요구하였으며 피해자는 이의 제출을 거부하였다. 나는 최종적으로 가해자에게 영수증 없이 300만 원 선에서 합의가 가능하다면 중재를 해 보겠다고 하였으나 끝까지 영수증 제출을 요구하고 피해자는 제출을 거부하여 조정이 이루어지지 않았다. 법원에서의 합의는 판사가 양측의 의사를 듣고 합리적인 선을 제시하거나 강제 조정안을 제시할 수 있으나 검찰에서의 합의는 완전히 당사자의 자율적 의사에 의해 행해지기에 피해자가 합의금에 대한 영수증 등을 제출하지 않는 경우에는 이를 강제할 수 없다. 사실 이 합의금 중에는 증빙이 없는 정신적 피해 등에 의한 위자료 등이 포함될 수 있어서 증빙할 수 없는 경우가 흔히 있는 것이 현실이다.

이 사례에서 안타까운 것은 합의금 중에는 증빙할 수 없는 정신적인 위자료 등이 있을 수 있으며 때에 따라서는 치료비 보다 위자료 등이 더 많기도 한다. 조정을 하다 보면 자기의 주장만을 하여 합의가 이루어지지 않는 경우를 가끔씩 보게 되는데 참으로 안타까운 일이다. 서로가 좀 더 열린 마음으로 상대방의 의견과 중재하는 조정위원의 말을 경청하는 자세가 부족하다는 점이다. 최선이 아니면 차선이라도 선택해서 경제적 정신적으로 더 큰 피해가 되는 선택은 하지 않아야 현명한 처사일 것이다.

기업들이여, 소탐대실(小貪大失) 하지 말고
고객의 소리를 듣게나

어느 여성이 이름을 말하면 누구나 아는 대기업의 직영점에서 잘못을 저질렀다. 판매 상품을 훔쳐서 절도 피의자로 입건된 것이다. 절도 금액은 5만 원 정도였다.

피해자인 당해 직영점의 점장에게 전화를 하여 합의 의사를 물었다. 피해자는 '자기 회사는 절도에 대한 정책으로 훔친 가액의 5배를 배상하도록 하고 있으며 계좌 입금은 안 되고 반드시 매장에 직접 찾아와서 지불해야 한다'고 하였다. 한편 피의자는 젊은 여성이었으며 '내가 왜 그랬는지 모르겠다며 피해자가 요구하는 대로 합의하겠다'고 하였다. 나는 피해자 측이 매장에 찾아와서 합의액을 지불해야 한다 했다고 전하며 1주일 이내에 찾아가서 처리하고 그 결과를 알려 달라고 하였다.

10여 일이 지나도록 피의자로부터 아무런 연락이 없어서 피의자 측에 문자로 연락해 보니 '매장과 거리도 있고 사무실 일 때문에 가지 못했다며 입금 계좌를 알려 달라'는 문자가 왔다. 나는 피해자에게 상황을 말하고 계좌를 알려 달라 하니 자기 회사는 00 회사의 직영점으로 계좌 입금은 안 한다며 계좌를 줄 수 없다고 한다. 그러면 담당 책임자를 바꾸어 줄 수 있느냐 하니 본인이 점장이라 말하였다. 나는 그런 계좌 입금 제도가 없다면 개인 계좌로 입금 받아 처리할 수도 있지 않느냐 하니 그러면 합의를 하지 않겠다고 퉁명스럽게 말하며 일방적으로 전화를 끊어 버렸다.

　나는 전직에서 고객만족 업무를 담당한 경험이 있다. 불만 고객도 고객이며 잘 처리하고 이해해 주면 주요 고객으로 변할 수 있음을 익히 알고 있는 터이어서, 이거 안 되겠다 싶어 해당 본사의 직영점 관리 책임자에게 알려 주어야 하겠다 생각하고 인터넷으로 검색하여 해당 회사의 전화를 찾으니 고객센터 전화만 나와 있었다. 할 수 없이 그곳에 여러 차례 전화하여 어렵게 통화가 되어 자초지종을 말하고 본사의 직영점 담당자와 통화 연결을 하고 싶다 하니 가재는 게 편인지 직영점 담당이 없다고 하며 자기가 처리해 볼 터이니 해당 점포를 알려 달라 했다. 나는 귀사 같은 회사가 직영점 담당 부서가 없다니 말이 되느냐며 재차 요구하였으나 철저히 교육을 받은 것인지 알려 주지 않아 하는 수 없이 해당 영업점을 알려 주고 잘 처리해 달라 하였다. 한참 지난 뒤에 전화를 걸어왔다. 결국 자기 회사는 직접 해당 점포에 와서 처리할 수밖에 없다고 하였다. 나는 '이 친구들 회사를 생각한답시고 회사를 망치고 있음을 모르는구만. 회사가 진정으로 원하는 것이 이것이 아닐 터인데 상사들의 눈과 귀를 막고 있구나' 하며 혼잣말로 되뇌었다. 이 글을 잘난 출세한 대기업 상사들이 읽지는 않겠지만 미래의 회사의 간부가 될 사람들은 잘 알아 두기 바란다. 훔친 고객도 고객이며 퇴로를 아름답게 열어 주며 일시적 잘못을 넘겨주는 아량을 베풀면서 해결해야 그 고객이 고맙게 여겨 진정한 고객이 된다고!! 소탐대실 하지 말고 크게 보며 고객의 일시적 실수를 감싸며 영업을 하시게나! 쥐도 궁지에 몰리면 고양이를 문다는 말처럼 어려운 상황에 처한 사람이 자신의 자존심 등을 지키기 위해서 다른 꼬투리를 잡아

대항하거나 복수할 마음이 생길 수 있으며 이 일과는 다른 일을 트집잡아서 회사를 음해하는 등의 민원을 제기하거나 SNS 등을 이용하여 비방하는 경우 더 큰 피해를 줄 수 있음을 알아야 하는 것이다. 요즈음 ARS 시스템으로 회사의 상층부와 통화가 원천적으로 차단하고 있는데 이렇게 되면 간부들이 민원에 시달리지 않아 편할지는 몰라도 진정한 고객의 소리를 듣지 못하게 될 것이니 회사를 위해 이로운 시스템인지 살펴볼 필요가 있다고 생각한다. 고객이 왕이라는 말을 기억하게나 이 바보 대기업들아!! 소탐대실(小貪大失) 하지 말고!! 호미를 막을 일을 가래로 막는 어리석은 일을 만들지 마시게나!! 고객은 왕이라는 것은 구호에만 그치지 않음을 명심하기 바란다고 대기업의 임원들에게 소리쳐 알려 주고 싶었던 하루였다.

40.

형사조정위원의 조정 능력과 자질향상 교육

2020년부터 코로나의 창궐로 그동안 매년 지속되었던 조정위원들에 대한 전문화 교육이 중단되었으나 코로나가 잠잠하게 되어 4년 만에 다시 재개되었다. 나는 조정 6년차로 이미 3번을 교육을 받았다. 나는 조정을 더 잘 할 수 있는 능력을 배양하고 스스로의 마음가짐을 새롭게 하기 위해 기회가 되면 교육을 꼭 받아야 한다고 생각하고 있었다. 조정위원들이 비록 하룻동안 4시간의 교육이지만 하나라도 얻어 갈 수 있다면 또한 조정위원들이 조금이라도 마음가짐을 새로이 할 수 있다면 조정 교육은 성공적이라고 생각한다. 물론 때로는 실제 현장을 잘 모르는 내용도 있지만 많은 부분은 도움이 되는 사항이며 옛날부터 손주한테도 배울 게 있다 하며 삼인행 필유아사(三人行必有我師)라 하여 '세 사람이 길을 가면 그 중에는 반드시 나의 스승이 있으니, 좋은 점은 본받아 따르고, 나쁜 것은 살펴 스스로 고쳐야 한다'고 하지 않았던가! 나는 이 글을 읽을 수도 있는 사람들이 검찰청에서도 종전의 응보적 사법에서 회복적 사법의 정착을 위해 형사조정위원의 능력과 자질향상에 심혈을 기울이고 있음을 알았으면 한다.

이하 교육의 주요 형사조정교육 내용을 요약하여 본다.

1) 형사조정의 목적과 이념
- 형사조정의 목적은 형사분쟁에 대하여 공정하고 원만한 해결을 통해 범죄 피해자의 피해를 실질적으로 회복함과 지역사회의 동참을 통한 자율적 해결을 촉진함에 있다.
- 형사조정의 이념은 형사사법에 있어 종전의 응보적 사법(Punitive Justice)에서 회복적 사법(Restorative Justice)으로의 전환으로 종전의 응보적 사법의 어떻게 처벌할 것인가에서 회복적 사법인 발생한 피해를 회복하기 위하여 무엇이 필요한가에 대하여 초점이 있다.

〈응보적 사법과 회복적 사법의 비교〉

	응보적 사법	회복적 사법
목적	가해자의 처벌	피해의 회복
방식	강제적 책임 수행	자발적 책임 수행
주체	사법기관	당사자와 지역 공동체

2) 형사사법(Criminal Justice)이란 수사나 공판을 통하여 사건의 진상을 규명하고, 범죄를 저지른 사람에게 법에 따른 적절한 형벌을 가함으로써, 국민생활의 안전을 도모함을 말한다.

3) 형사절차란 국가의 형벌권을 실현하는 절차로 다음과 같이 진행된다.
   범죄수사 → 공소제기 → 재판 → 형벌 집행

4) 우리나라의 연간 범죄 발생건수: 2021년 기준 1,531,705건(2022년 법
  무연수원 범죄백서)

5) 우리나라의 형사조정의 연혁
- 2003.9: 김천지방검찰청에 피해자지원센터 설립
- 2005.1: 전국 검찰 본지청에 피해자지원센터 설립
- 2007.8: 전국 검찰청에서 형사조정제도 시행
- 2009.11: 담당 기관을 범죄피해자지원센터에서 검찰청으로 이관 형사
  조정위원회 설치 실시

* 범죄 피해자지원센터는 범죄 피해자가 조속히 고통에서 벗어나 정상
  적인 생활을 알 수 있도록 보호. 지원하는 것을 목적으로 설립된 비영
  리민간단체이다.

6) 형사조정의 절차
- 경찰의 사건 수사 검찰에 송치
- 형사조정에 적합한 사건을 선정하여 당사자의 신청 또는 동의를 얻어
  형사조정에 회부
- 형사조정위원회에서 가해자와 피해자가 참여하여 조정 진행
- 조정이 종료되면 형사조정조서와 결정문을 작성 담당검사에게 회부
- 검사는 조정 결과를 고려하여 사건을 처리

7) 형사조정은 검사의 사건 부담을 줄이기 위한 제도인가?

강사는 교육자료에서 검사의 고소사건 수사 부담을 줄이기 위한 방안 중의 하나로 제안되었지만 회복적 사법의 이념을 검찰 실무에 적용한 제도로 검사의 사건 부담 목적은 아니라고 하였지만 실질적으로는 비교적 당사자 간 해결이 가능한 사건에 대한 검사의 처리 부담을 경감하여 비중 있는 사건에 대하여 집중할 수 있는 순기능을 하고 있음을 부인할 수 없다는 생각이 든다.

8) 형사조정이 성립되더라도 결국 처벌되면 실효성 없는 제도 아닌가?

검사는 형사조정이 성립한다 하더라도 범죄혐의가 있다고 생각되면 통상의 수사 절차에 따라 수사를 진행할 수 있으나 친고죄나 반의사불벌죄에 해당하는 경우에는 공소권이 없으며 조정이 이루어진 경우에는 처벌 시 감경할 수 있으며, 형사조정이 성립되지 않았다 하여 불리하게 고려하여서는 안 된다고 규정하고 있다.

형사조정이 성립한 경우 86.6%가 불기소되고, 그중 45.5%가 기소유예 처분되고 있다.

9) 경찰청으로의 회복적 경찰활동 파급 효과: 2019.2 '회복적 경찰활동' 선언 이에 동조하고 있다.

10) 형사조정의 의미와 목표

조정(Mediation)은 당사자 간에 협상이 어려울 때 제3자가 개입하여 당사자들의 문제 해결을 돕는 일련의 모든 과정이며 중립성(Neutrality), 당사자의 자발성(Voluntarism), 비공개성(Confidentiality)에 항상 유념하여 그 목표는 객관적 진실을 찾음에 있는 것이 아니라(이것은 경찰 검찰 판사의 역할) 당사자들의 이해와 요구를 각각 알게 하고, 그 이해에 근거한 당사자 간의 합의된 해결책을 찾는 것에 있다.

11) 조정자의 역할 및 능력 향상 노력

조정자의 역할이 사건의 진실을 밝혀내는 경찰의 역할이나 처벌을 결정하는 검사나 판사의 역할이 아니며 갈등 당사자의 의사소통을 지원하는 역할이며 서로 다른 견해가 적대감 없이 솔직하게 교환되고 경청할 수 있는 분위기를 조성, 진행하기 위하여 조정자는 의사소통 능력, 분석 능력, 중립성, 순발력과 인내심을 향상시키는 끊임없는 전문화 교육을 받는 등 자발적 노력을 해야 한다.

=> 조정자는 결과에 책임이 있는 것이 아니라 과정에 책임이 있다.

12) 조정자의 권고안 제시에 대한 논란

강사는 당사자 간의 협상 단계에서 조정자가 권고안이라 하여 제시하는 것을 하지 말라고 하였다. 이에 대하여 즉석적인 반론이 제기되었으며 현재 사용되고 있는 형서조정조서상의 양식에도 '조정자의 권고'란이 있음을 강사가 간과한 것으로 보인다. 본 조정위원의 경험과 판단으로는 양 당사자의 의견 대립의 조정이 실질적으로 어렵거나 사회 통념상의 범주를 현격히 일탈한다고 판단되는 경우에는 최대한의 겸허하고 중재자의 자세로 권고안을 제시하고 양 당사자의 그 사건에 대한 현실적인 인식 차이를 파악하여 검사에게 제시함으로써 최종적인 검사의 처분을 도울 필요가 있다고 사료된다.

41.

자폐증 피의자 가족을 보듬은 피해자

이번 사건은 단순한 점유이탈물횡령 사건으로 피해자가 깜빡하고 놓고 간 신용카드를 부정 사용하여 CCTV를 통해 범인이 특정되어 검찰에 송치되었으며 부정 사용 금액은 2차례에 걸쳐 20만 원이 조금 안 되었고 피의자는 지적 장애인이었다.

조정일이 되어 먼저 피해자에게 전화하여 합의 의사를 물으니, 피해자는 50줄의 여성의 스마트한 목소리로 분명하게 조정위원의 물음에 조목조목 간단하면서도 분명하게 조정 이유를 설명했다. 나는 그녀의 답변을 정리하여 이렇게 정리하여 피의자 측에 전달하겠다고 하였다.

첫째로 경찰 단계에서 피해자가 합의에 응하지 않은 것은 합의할 뜻이 없어서가 아니라 피의자를 마주하고 싶지 않았기 때문이며

둘째, 피의자가 분실한 카드를 사용하였으나 당일에 사용금액을 취소하여 피해자에게 실질적으로 경제적 손해가 없었고

셋째, 피의자가 정상인이 아닌 지적 장애인이라는 말을 들었으며 카드 사용 취소도 그의 가족인 누나가 했다고 들었으며

넷째, 가족들의 피의자에 대한 더 많은 보살핌을 당부드리고 그 아픔을 이해한다라고 요약하니 피해자는 흔쾌히 그렇게 해 달라고 하여 나는 오

인생은 긴 마라톤

랜만에 정말로 훌륭한 분을 만났다며 고맙고 감사하다고 몇 번씩이나 말하면서 나도 모르게 고개가 숙여졌다.

피의자의 누나와 조정해 달라는 검사실의 뜻에 따라 그의 누나와 통화를 하여 누나가 대리하여 조정하는 이유를 물으니 동생이 자폐 2급이라서 대화가 어렵다고 하였다. 나는 피해자의 뜻을 조목조목 전해주니 피의자의 누나는 정말 죄송하고 고맙다고 피해자에게 꼭 전해 달라고 부탁하였다. 이후에 피해자의 조건 없는 합의서 제출까지 모든 절차가 순조롭게 진행되어 조정을 종결 처리하였다.

요즈음에는 자폐증이나 지적 장애인이 절도 등으로 사건화되어 조정에 회부되어 오는 경우가 자주 있다. 대부분의 조정위원들은 이때 피해자 측에 사건의 피의자가 정상인이 아니니 많이 배려해 달라고 부탁을 하게 되는데 피해자는 그것은 그쪽 사정이라며 받아들이지 않는 경우도 많이 있다. 오늘의 피해자는 넉넉하고 훈훈한 마음으로 피의자와 그 가족을 이해해 주고 보듬어 주는 모습에 저절로 머리가 숙여졌으며 아직은 살 만한 세상이구나 하며 즐겁고 감사한 마음으로 하루 일과를 정리했다.

나에게 소액민사재판은 일도 아니다며
과도한 합의금 요구

 이번 사건은 치료비도 들지 않을 정도인 단순 폭행으로 소위 상대방을 밀어서 발생한 사건이다.

 피해자는 20대 중반의 남자로 대화 과정에서 따지기 좋아하는 스타일이라는 느낌을 받았기에 더욱 조심스럽게 합의할 뜻이 있느냐고 물으니 합의금 350만 원을 주면 합의한다고 했다. 한편 피의자는 폭행이라지만 치료에 이를 정도도 아니었다며 여러 가지로 귀찮고 성가시니 그냥 50만 원까지는 합의한다고 했다. 피해자에게 상대방이 50만 원에 합의를 원한다고 전하니 피해자는 대뜸 "X소리 말라고 상대방에게 전해 주세요"라 했다. 나는 젊은 친구가 너무 당돌하고 아무리 전화상이지만 너무 막말을 한다고 생각되어 일부러 목소리를 깔면서 "정말 X소리 말라고 전해줄까요?" 하면서 심기를 살짝 건드렸다. 피해자는 본인이 한 말에 가책을 느꼈는지 아니면 조정위원이 여러 사람이라는 것을 아는 듯이 다른 조정위원과 조정하게 해달라고 하여 동료 조정위원에게 조정을 넘겼다.

 동료 조정위원과의 진행 내용을 들으니 피해자는 '소액사건심판은 나에게는 아무것도 아니다. 1년여 전에 해 본 경험도 있고 소장 작성도 나에게는 일도 아니며, 충분한 시간도 있으며 소액사건심판의 결과도 최소한 부과되는 벌금 이상이라는 사실도 알고 있고, 피의자가 소액 심판에 대응하기 위하여는 소장 작성도 힘들 것이며 시간과 노력도 걸릴 것이라며 최소한 합의금을 200만 원을 주지 않으면 소액사건심판 청구를 한다'고 전해 주라고 당당하게 주장하였다.

결국 이 사건은 피해자가 여러 차례 조정실에 전화를 하며 무리한 요구를 하였으나 조정위원은 피해자에게 끌려 다니지 않고 이리저리 한 과정의 조정을 거쳐 100만 원에 합의가 이루어졌다. 피해자는 합의에 이르기까지 여러 차례 단계적으로 합의금을 낮추며 갑질을 했음은 물론이다. 나는 피해 정도에 따른 비례성의 원칙을 고려하여 합의금을 요구하거나 제시하여야 사건 당사자가 서로 이해하고 합의에 이르기 용이할 것이나 내로남불 식으로 너무 과도한 합의금을 요구하여 쉽게 이루어질 합의가 시간을 허비하고 겨우 합의가 이루어졌다는 생각을 떨칠 수 없었다.

조정을 하다 보면 자신에게는 관대하며 남에게는 엄격한 친구들을 종종 만나게 된다. 사실은 이의 역으로 남에게는 관대하며 자신에게는 엄격하여야 하는데 말이다. 이는 관인엄기(寬人嚴己)라 하여 청나라의 강희제의 수신 덕목 중 하나로 스스로를 다스리고 수양을 함으로써 스스로를 통제하고 남의 본이 되도록 노력하여 한다는 덕목인 것이다. 신속하고 간단한 사건 처리를 위해 도입 운영되는 형사조정제도와 소액심판사건제도 등을 오늘의 사건처럼 일부 몰지각한 피해자가 도를 넘는(?) 합의금을 받기 위한 수단으로 악용되지 않도록 조정위원은 물론 법을 운용하는 관계자들은 잘 살펴 주시기를 특별히 당부 드리고 싶어진 하루였다.

★ 소액심판사건

소규모 금액에 관한 소송을 신속하고 간단한 절차로 처리하여 소송 과정을 간소화하고 법원의 혼잡을 줄이며 소액 민사소송을 보다 효과적으로 처리하기 위한 목적으로 도입된 제도이다.

청구금액 3,000만 원 미만 사건으로 소요되는 기간은 3~6개월이며, 1회 변론주의로 간소화된 재판과정을 거쳐 빠르게 기판력(확정된 재판의 판단 내용이 소송 당사자 및 같은 사항을 다루는 다른 법원을 구속하여 그 판단 내용에 어긋나는 주장이나 판단을 할 수 없게 하는 소송법적인 효력을 말함) 있는 판결을 할 수 있는 등의 신속성 편의성이 있는 국민 편의를 위한 제도이다.

43.

사과를 받아야 합의한다며
피의자에게 무릎을 꿇으라고 강요

이번 사건은 전철에서 서로 자리에 앉으려고 하면서 어느 여자가 잽싸게 뒤에서 가방을 던지면서 앉아 버렸는데 이에 어처구니없다고 생각한 젊은 남자 친구가 그 모습을 사진 찍어 친구에게 문자로 욕지거리를 하면서 보냈는데 옆에 있는 다른 여성이 이것을 보고 피해자 여성에게 알려서 피해자인 여성이 경찰에 신고하여 성폭력처벌특례법(카메라 등을 이용한 촬영) 위반으로 사건화된 것이다.

조정 일자를 통지한 며칠 후에 피해자 여성이 검찰에 출석하여 조정하겠다고 하여 피의자인 남성이 동의함으로써 출석 조정을 하게 되었다. 조정일에 피해자 여성은 40대 초반이었으며 피의자는 동생뻘 되는 30대 후반이어서 그런지 대면 조정 과정에서도 생각 외로 공격적이었으며 반말로 왜 그랬느냐며 따지듯이 몰아부쳤으며 조정위원들이 합의 조건을 제시하라고 하니 피의자에게 당돌하게도 무릎 꿇고 사과를 하라고 하였다. 나는 6년 넘게 조정위원을 하면서도 무릎을 꿇으라는 요구는 처음 들었으며 피해자의 요구가 너무 과하다는 생각이 들었으나 피의자가 그렇게 하겠다고 하며 무릎을 꿇는 바람에 제재할 타이밍을 놓쳤다. 그리고 또 다른 합의 조건이 있느냐고 피해자에게 물으니 합의금을 300만 원을 주지 않으면 합의하지 않겠다고 하였다. 한편 피의자는 일용 근로자라며 합의금을 조정하여 달라고 하여 조정위원들이 중재에 나서 겨우 200만 원에 합의가 이루어졌다.

약속한 합의금 입금일에 피의자가 합의금을 입금하지 않아 전화로 그 이유는 물으니 무릎 꿇고 사과까지 했는데 합의금이 너무 많다면서 100만 원 이상은 합의하지 않겠다고 단호하게 대답하였으며, 피해자인 여성에게 그 사실을 알리고 합의금 조정이 가능한지 물으니 300만 원에서 200만 원으로 조정했지 않았느냐며 왜 피의자 편만 드냐고 호통치듯 조정위원인 나를 나무랐다. 이런 때에는 조정위원이 합의금을 조정하는 것이 아니라 피의자가 합의금 조정을 요청하는데 조정위원이 날벼락을 맞는 꼴이다. 나는 우리 조정위원이 권하는 것이 아니라 피의자가 그렇게 제시하는 것이며 어느 일방의 편을 드는 편파적인 조정을 하지는 않는 것이라고 점잖게 꾸지람하듯 항변을 할 수밖에 다른 수단이 없으나 기분이 썩 좋지 않았다. 그후에 양측과 합의금 조정 여부를 여러 차례 확인했으나 서로의 주장을 굽히지 않아 조정불성립으로 처리하여 마무리할 수밖에 없었다.

이 사건은 피해자가 너무나 굴종적이며 자존심을 깔아뭉개는 요구를 하는 한편 합의금까지도 적지 않게 요구하여 피의자가 감정을 많이 상하여서 조정이 성립되지 않았다고 생각한다. 사람은 감정의 동물이어서 감정의 선을 건드리면 이루어질 일도 이루어지지 않는 것임을 알아야 하며 상대방의 마지막 남은 자존심을 건드리지 않아야 함은 비록 이번 사건뿐이 아니라 우리의 일상에서도 적용되는 것이라고 생각된다. 돈을 잃으면 조금 잃는 것이고 명예를 잃으면 많이 잃는 것이라는 말이 있듯이 상대방의 명예와 자존심을 빼앗아 상대방으로 하여금 많이 잃었다는 생각이 들게 해서는 자기가 원하는 바를 얻을 수 없을 것이다.

44.

피의자의 집을 찾아가 합의금을 입금받다

이번 사건은 비교적 단순한 사건으로 어느 여자가 남자를 밀치고 욕을 하는 등으로 폭행죄로 송치되어 온 것이었다. 피해자는 검찰에 출석 대면 조정을 요청하였고 피의자가 동의함으로써 대면 조정을 하게 되었다.

조정위원의 중재 노력에도 서로가 주장하는 합의금액의 차이로 조정이 이루어지지 않아 부득이 조정불성립으로 처리하여 행정실로 넘겼는데 간사 조정위원이 양 당사자에게 전화로 다시 중재하여 합의가 이루어졌다고 하며 조정실에 회부하는 과정에서 서로의 의사소통의 착오로 발생된 것이었다.

어느 날 퇴근 무렵 내가 혼자 근무하는 시간대에 피해자로부터 전화가 걸려와 합의가 되었다 하여 합의서를 보냈는데 아직 합의금이 입금되지 않았다고 했다. 검찰청에 따라 절차가 다르지만 우리 청은 피의자가 합의금을 입금하면 피해자로부터 합의서를 제출 받고 있는데 아주 드물게 피해자가 합의금을 입금받지도 않았는데 합의서를 작성해서 보내는 경우가 있다. 나는 관련 서류를 찾아 확인 후에 다시 연락을 하겠다 하고 일단 전화를 끊었다. 곧바로 나는 내가 전담하고 있는 사건을 전수 확인하였으나 해당 사건의 서류를 찾을 수 없었다. 하는 수 없이 다른 동료 위원의 사건을 찾아보았으나 여전히 보이지 않았다. 이런 경우에는 '000외 2명'이라고 한 사건은 당사자가 겉으로 표시되지 않을 수 있기에 다시 그러한 사건을 중심으로 세밀하게 찾아보았으나 역시 보이지 않았다. 이제는 한 가지 방법인 종결한 사건의 리스트를 확인하는 일이다. 컴퓨터에서 종결 처리 리스트를 확인해 보니 보름 전에 합의가 성립된 것으로 검사실에 넘겼음이 확인되었다. 나는 곧바로 피의자에게 합의금을 입금했는지를 확인하고자 약간은 긴장되는 심정으로 피의자에게 확인하니 아뿔싸, 피의자는 '아직 돈이 없어 입금하지 못했다'고 퉁명스럽게 대답했다. 나는 뭔가 잘못되었구나 하며 그러나 침착하게 그러면 언제 입금할 수 있느냐고 채근 겸 확인하며 한꺼번에 입금할 수 없으면 분할해서라도 입금하고 연락을 달라 하고 전화를 끊었다. 나는 직감적으로 피의자가 합의금을 입금하지 않았는데 피해자가 합의서를 제출하니 착오에 의해 합의 처리하여 조정성립으로 검사실에 넘긴 것이라는 생각이 들었다. 즉시 간사 조정위원에게 알려 사건의 진행 상황을 확인해 보니 조정이 성립되었으며 이미 검사의 최종 처분까지 끝나 다른 방법이 없다고 하였다. 나는 이제 피의자에게 합의금을 입금할 시간적 여유를 주어 입금하게 하는 수밖에 없다고 판단하였다. 피해자에게는 피의자의 사정상 한 달 여유를 주시면 입금하도록 하겠다고 임시방편으로 양해를 구했다. 그러나 마음 한구석에서는 만일 피의자가 한 달 내에 입금하지 않으면 어떡하지? 그렇게 되면 누군가가 합의금을 변상해야 하는데 하는 걱정이 앞섰다.

피의자는 전화도 받지 않고 합의금 입금도 하지 않았다. 나는 은행에 근무할 때 동료 은행원이 출납 사고를 일으켜 업무 마감 후에 심증이 가는 고객을 찾아가서 해결했던 추억을 떠올리며 옆방의 남성 조정위원을 설득하여 함께 피의자의 집으로 물어 물어 찾아갔다. 우리 두 조정위원은 피의자에게 번갈아 만일 합의금을 입금하지 않으면 조정위원이 합의금을 변상해야 한다고 사정하며 합의금 입금 독촉을 하였다. 우리가 간곡히 이야기하는 사정을 듣고는 딱하였는지 합의금을 좀 낮춰 달라 하여 피해자에게 간청하여 합의금의 일부를 감액 받고 피의자가 분할 입금하여 조정 성립으로 마무리할 수 있었다.

이번 사건은 피해자가 합의금을 낮춰 주었고 피의자가 분할하여서라도 입금을 하였으니 누군가 변상하지 않아 다행이었다고 자평하며 여기저기 폭탄이 있으니 앞으로는 더욱 더 철저히 확인하여 착오 없이 일을 처리하자고 다짐하고, 소 잃고 외양간 고치듯이 양 당사자로부터 입금 증빙을 받는 과정을 한 단계 강화함으로써 다시는 이와 같은 일이 발생하지 않도록 했다. 군대에 있을 때 작전에 실패한 지휘관은 용서할 수 있으나 경계에 실패한 지휘관을 용서할 수 없다는 말이 떠올랐다. 조정에 실패한 조정위원은 용서할 수 있어도 관리에 실패한 조정위원은 용서할 수 없다고 바꾸어 생각해 보게 하는 사건이었다.

45.

아집으로 얻은 것이 무엇인가?
경청할 줄 알아야 한다

이번 사건은 60대의 남자와 그보다 많은 여자가 '내 나이가 어때서'라는 유행가 가사처럼 운우의 정을 나누려 하면서 모텔료(숙박비)를 깎아 달라 하며 시비가 되어 말싸움을 하다가 욱하는 성격으로 모텔 주인을 밀어 뜨려 폭행 피의자가 된 사건이다. 경찰의 수사 단계에서도 합의를 시키려 노력한 흔적이 보였으나 이루어지지 않아 결국 검찰에까지 넘어온 사건이었다.

검찰의 형사조정 단계에서 피해자는 상대방이 사과만 하면 합의를 한다고 하였으나 피의자는 자신은 잘못이 없으며 폭행도 하지 않았다면서 사과를 거절하고 검찰의 벌금처분에 항소하여 법정에까지 가게 되었다. 이쯤 되니 피의자는 변호사를 선임하게 되었고 사건을 의뢰받은 변호사는 피의자에게 이 사건은 합의가 이루어지면 공소기각 처분되는 사건으로 합의가 최선이니 상대방에게 미안하다고 사과하라고 권유하였으나 끝까지 사과를 거절하여 담당 재판부는 피해자를 증인으로 부르게 되었으며 이 자리에서 피의자 측의 변호사는 이번 법정 기일이 마지막 기회이니 모든 것을 떠나서 피해자에게 사과하고 합의하여야 한다고 하여 결국 피의자가 받아들여 법정에서 사과와 함께 일정액의 합의금을 주고 합의하여 공소기각판결을 받음으로써 종결하게 되었다.

돌이켜 사건의 처리 과정을 보자. 경찰의 초등 수사 단계와 검찰에서의 형사조정 단계에서 중재를 받아들여 합의했더라면 보다 더 적은 비용으로 해결이 가능했을 것이나 이를 거절하고 변호사 선임비용까지 들어간 것이니 현명한 선택이라 할 수 있겠는가? 폭행에 대한 인식도 과거에는 신체에 대한 상해 정도가 되어야 사건화 되는 것으로 여겼으나 지금은 밀치거나 멱살을 잡거나 폭언을 하여도 폭행으로 인정된다는 것을 알아야 한다. 경제적 유익을 얻으려고 모텔료를 깎아 달라고 했는데 변호사 선임 비용도 들고 합의금까지 주게 되었으며 아마 그날 운우의 정도 나누지 못했을 것이니 순간의 선택과 욱하는 성질 그리고 아집으로 얻은 것은 당사자의 경제적 손실과 사회적 비용이 들었을 뿐인 것이다.

누구나 잘못은 할 수 있으나 그 잘못을 통해 배우고 다시는 재발하지 않도록 하느냐의 문제이다. 잘못으로 인한 2차 피해를 최소화하는 방안을 찾아야 하며 조언자의 말에도 경청을 하는 자세가 필요한 것이다. 우리가 학창시절에 수많은 시험을 통해 내가 무엇을 모르는지 왜 틀렸는지 오답노트를 만들어 다시는 틀리지 않도록 해야 실력이 늘지 않았던가? 인생의 삶도 비슷한 것 같다. 본인의 생각의 틀에만 아집스럽게 갇혀 있지 말고 열린 마음으로 세상이 하는 말을 공감적으로 경청하는 자세를 가져 지혜 있는 삶을 사는 우리가 되었으면 하는 바람이다.

스티븐 코비(Stephn Covey)가 성공하는 사람들의 7가지 습관에서 제시하는 공감적 경청의 5단계를 소개해 본다.

① 무시하기 ② 듣는 척하기 ③ 선택적 듣기 ④ 주의 깊게 듣기 ⑤ 공감적 듣기이며

공감적 듣기는 다른 사람의 내면에 들어가는 것이라고 한다.

　우리는 적어도 4~5단계인 주의 깊게 경청하거나, 상대방과 공감적 듣기를 생활화하는 습관을 가지도록 노력하여야 할 것이다. 특히 형사조정 업무를 담당하는 나를 포함한 모든 조정위원들이 더욱 더 피해자와 피의자가 하는 말을 공감적으로 경청할 수 있는 능력을 구비하여 회복적 사법을 지향하는 형사조정 업무를 잘 해 나갈 수 있도록 꾸준히 노력하여야 한다는 생각이 들게 하는 사건이었다.

46.

불쌍해서 조건 없이 합의할게요

어느 폐지 줍는 할머니가 옷 박스를 가져가서 절도 피의자로 입건된 사건이다.

피해자는 옷 박스를 잠깐 내려놓고 다른 일을 보고 오니 옷 박스 3개가 없어졌는데 확실한 심증이 가는 할머니에게 물건을 가져가지 않았느냐고 물으니 그런 적 없다고 하여 괘씸하여 경찰에 신고하여 CCTV 등에 의해 증거가 밝혀진 뒤에야 훔쳐 간 사실을 인정하는 등 죄질이 나쁘다며 옷 값이 150만 원쯤 된다며 합의금 100만 원을 요구하였다. 잃어버린 물건을 되돌려 받았으나 쓸 만한 것은 없어지고 값이 나가지 않는 일부만 되돌려 받았다고 하였다.

한편 피의자는 70대의 할머니로 폐지 수거 등으로 생계를 유지하고 있다고 하며 버린 물건인 줄로 알고 가져갔으며 물건은 돌려줬다고 하였다. 나는 피해자가 하는 말을 요약하여 처음에는 가져가지 않았다고 거짓말을 하였으며 돌려준 물건도 잡동사니 정도였다고 하니 그때서야 말하기를 도둑으로 몰릴까 두려워서 거짓말을 하였으며 물건을 집으로 가져와서 재사용하려고 밖에 널어 놓고 일을 하고 오니 이웃들이 쓸 만한 것은 모두 가져가서 남은 일부만 돌려줬다고 용서해 달라고 하였으며 합의금은 5만 원 이상은 줄 능력이 없다고 하소연했다. 사정이 딱하여 피해자에게 할머니의 사정을 잘 이야기하여 최대한 합의금액을 낮춰 보도록 노력해 보고 다시 연락한다 한 후에 피해자에게 피의자의 말을 요약하여 전하면서 합의금을 좀 조정해 줄 수 있는지 물으니 최소한 50만 원은 받아야 한다고 하였다.

조정 기일이 얼마 남지 않아 피의자 할머니에게 전화하였으나 남편인 할아버지가 전화를 받으며 할머니가 일하러 나갔다며 들어오면 전화하라고 하겠다 하였으나 며칠이 지나도록 아무런 연락이 없었다. 다시 전화를 걸어 보니 할머니는 할 말이 없어 전화도 못 했다고 미안해 하였으나 나는 일부러 못들은 척하며 상대방이 합의금을 50만 원 달라고 하는데 혹시 2~30만 원은 가능하겠느냐고 물으니 두 노인네가 몸도 아프고 아무것도 없다며 5만 원도 없는데 하며 울면서 용서해 달라고 하였다. 나는 가슴이 뭉클해지며 애잔하여 잠시 말을 잇지 못하고 다시 연락하겠다고 하며 일단 전화를 끊었다. 나는 차 한잔을 마시며 마음을 추스른 후에 피해자와 부딪혀 보자 하고 전화를 했다. 피해자는 30대의 남자였는데 나는 솔직하게 사정조로 조금 전에 할머니와 통화한 내용을 이야기하고 5만 원이라도 받고 합의를 하든지 아니면 상대방이 무자력자로 판단되니 어머님이라고 생각하고 조건 없이 합의해 주든지 아니면 합의가 안 되어 조정불성립으로 하든지 피해자가 결정하는 대로 처리하겠다고 하며 사실상 합의금을 많이 양보해 달라고 강권하다시피 하니 피해자는 할머니 나이가 어느 정도인지 물었다. 나는 70대인데 목소리로는 80 중반쯤 되어 보인다 하니 피해자는 '내가 불쌍해서 그리고 조정위원님의 애쓰심을 봐서 조건 없이 합의해 주겠다'고 하였다. 나는 고맙고 감사하다며 "제가 조정위원을 하면

서 드물게 보람을 느끼는데 오늘이 그중 하루"라고 하며 '복받으실 것입니
다' 하며 전화를 끊었다. 할머니에게 바로 반가운 소식을 전하고 나니 할
머니는 고맙고 수고하였다고 인사를 건넸다. 밖에는 싱그러운 4월의 햇
살이 방긋 웃으며 빨리 퇴근하여 나하고 놀자고 재촉하고 있었다.

현재의 형사조정 제도는 종전의 응보적 사법에서 회복적 사법으로의
전환이라고 한다.

당사자 간의 관계를 회복하며 피해자의 피해를 회복하는 것이지만 필
요한 경우에는 오늘의 사건처럼 피해를 직접적으로 회복 받지 못하더라
도 경우에 따라서는 상대방에게 관용을 베풀 수 있는 심리적 여유가 있다
면 더욱 아름다운 사회가 될 수 있겠다는 생각과 함께 과연 나도 그러한
베풂의 삶을 살고 있는지 살펴보게 하는 사건이었다.

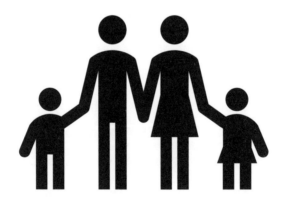

47.

오빠는 영원한 내 사랑입니다
처벌하지 말아 주세요

오늘은 수년간 사귀던 노년의 여성이 불륜의 발각을 우려하여 남자에게 정리를 통지하였는데 남자는 계속적인 관계를 원하며 여자의 집에 찾아가 실랑이를 하여 주거침입과 폭행으로 입건된 사건이었다.

조정일에 피해자인 여성은 뜻밖의 그 남자는 영원한 내 사랑이라며 아무런 조건 없이 합의해 주겠다고 하여 조정이 쉽게 이루어졌다. 또한 그 여성은 솔직히 더 얘기해도 되느냐고 하여 비밀이 유지되니 편안히 말씀하시라고 하니 사실은 계속하여 관계를 유지하고는 싶은데 그 남자는 부인이 있으며 자기도 잘 아는 사이라고 하였다. 나는 난감하였다. 나는 형사조정위원으로서 내로남불이라며 노년의 로맨스는 가문의 영광이니 들키지 않게 지속하라고 할 수도 없고 그렇다고 그녀의 속마음과 반대로 잘하셨다고 쉽게 말할 수도 없어 저도 그런 상황이 되면 윤리와 현실 사이에서 고민이 많을 것이라고 위로하며 잘 결정하셨다고 말하였는데 그녀의 고뇌가 전화상으로도 충분히 느껴져 왔다.

상대 측 남자에게 "아무런 조건 없이 합의해 주겠다고 합니다."라고 알리면서 나는 상대방이 선생님에 대하여 좋은 추억이 있는 것 같으니 좋은 친구 관계로 지내시기 바란다고 하니 일단은 고맙다고 전해주라며 "헤어지자면서 나를 영원한 사랑이라 하니 헷갈리고 더 헤어지기 힘들어집니다. 늘그막에 이성 친구 하나 사귀면서 가끔씩 차도 마시고 말동무도 하고 싶은데" 하며 말꼬리를 흐렸다. 나는 누구나 그런 생각이 들 때가 가끔씩 있으며 '솔직히 저도 그런 생각이 들 때가 있지만 현실은 녹록지 않은 것 같습니다. 플라토닉 러브도 있다 합니다. 독서라든지 사진 촬영이든지 다른 취미를 가져 보세요" 하니 "예 노력해 보겠습니다."하는 쓸쓸한 목소리를 뒤로하며 형사조정을 마쳤다.

"많은 사람들이 한때는 당신 없이는 못 살아, 누님이 최고야, 오빠는 영원한 내 사랑, 오라버니가 최고야 하였지만 세월이 흐른 뒤에는 시들해지며 남남처럼되기도 하고, 여러 가지 이유로 헤어지기도 합니다. 영원한 것은 없지만 진정으로 좋아하고 사랑했다면 혹시 어느 날 갑자기 오라버니가 최고였어, 그 옛날의 찻집에 커피 한잔하러 드라이브 갑시다 하고 전화가 걸려 올지도 모르지 않나 하는 희망과 아름다운 젊은 날의 추억으로 사시지요" 하는 말을 건네고 싶어진 하루였다.

★ 사랑의 종류

1) 에로스(Eros) : 에로스는 그리스 신화에 나오는 사랑의 신이다. 사랑을 위해서는 모든 것을 버릴 수 있는 유형의 열정적 사랑으로 육체적이고 성적인 매력에 매료된 관계를 말한다.

2) 스토르게(Storge) : 부모와 자식의 사랑, 형제애와 같은 가족적인 사랑을 말한다.

3) 루두스(Ludus) : 유희적 사랑을 말한다.

4) 마니아(Mania) : 감정이 격한 사랑으로 독점욕이 강하고 상대방에 대

한 집착이 지나칠 정도로 강해 매번 사랑을 확인하는 유형의 사랑을 말한다.

5) 프라그마(Pragma) : 사랑을 다른 목적을 달성하기 위한 수단으로 생각하는 유형 사랑을 본인의 지위 상승 등 실용적 목적을 중시하는 유형의 사랑을 말한다.

6) 아가페(Agape) : 기독교적인 사랑으로 자기의 양보와 희생을 통한 이타적인 사랑을 말한다.

* 한편 플라토닉 러브(Platonic Love)는 육체적인 관계를 배제하고 비성적(非性的)이며 교감만을 중시하며 마음과 영혼을 고무시키고 정신적인 것에 집중하는 사랑이며, 현실적으로는 위와 같은 여러 가지 사랑이 복합적으로 나타나는 것이라고 한다.

합의금 입금 약속을 지키지 않아
합의금을 2배로 물다

이번 사건은 길거리에 떨어진 신용카드를 주워서 부정 사용하여 점유이탈물횡령죄로 형사조정실에 회부되어 합의가 성립되었으나 수차례 합의금 입금 약속을 어긴 경우였다.

부정 사용금액도 많지 않았으며 피해자의 합의 요구액도 다른 사건과 달리 부정 사용금액만을 합의금으로 요구하였다. 이런 경우에는 피해자가 마음을 바꾸어 더 많은 합의금을 요구할 수 있으니 빨리 입금하는 것이 좋다고 안내하고 조기에 입금하도록 권고하였지만 이번 피의자는 입금일이 상당 기간이 지나도록 합의금을 입금하지 않아 벌어진 것이다.

어느 날 태블릿에 도착한 문자를 열어 보니 이번 사건의 피해자는 이번 카드 분실 사건으로 수개월째 신경 쓰고 불편했다면서 많지도 않은 금액인데 더 이상 신경쓰기 싫다며 조정불성립으로 처리해 달라는 요지의 강한 톤의 내용이었다. 합의 요구액이 10만 원 정도였으니 그럴 만도 했다. 나는 피해자를 달래 보기로 하고 문자로 '충분히 피해자의 마음을 이해하며 공감합니다만 이렇게 하면 어떨까요' 하고 만일 피의자가 약속을 지키지 않은 벌로 며칠의 시간을 주고 2배 수준의 합의금으로 요구하고 이에 응하면 합의하고 그렇지 않으면 불성립 처리하자고 피해자와 소위 라포를 형성하여 동의를 얻어 냈다. 즉시 피의자에게 "여러 차례 입금 약속을 지키지 않아 상대방이 합의하지 않겠다고 하여 이틀 내에 당초 합의금의 2배인 20만 원을 입금하면 합의하고 그렇지 않으면 바로 조정불성립 처리합니다."라고 문자를 보냈다. 그 이튿날에 피의자는 "입금했습니다."라고 금액은 밝히지 않고 문자가 왔다. 나는 반갑기도 하고 금액이 궁금하여 곧바로 피해자에게 "입금했다고 문자만 왔는데 얼마 입금했나요?" 하니 20만 원이라고 하였다. 나는 혼잣말로 피의자가 원래 합의한 10만 원만 입금하여도 피해자를 설득하여 합의 처리하려고 했는데 하며 피해자로부터 합의서를 받아 조정을 마무리했다.

누구나 서로가 약속한 사항은 특별한 사유가 없는 한 지켜야 함은 당연하다 하겠으나 이를 지키지 못해 호미로 막을 일을 가래로 막아서는 안될 것이다. 오늘의 사건과 같이 상대방의 배려로 거의 피해금액 수준으로 합의한 사항을 지키지 않아 당초 합의한 금액의 2배를 지불하고 합의를 하는 잘못된 선택을 하여서는 아니 될 것이다. 다행히도 중재에 나선 조정위원이 나름대로 기지를 발휘하여 당초 합의금의 2배 수준으로라도 합의가 되었으니 망정이지 피해자가 감정이 상해 합의를 거부하였더라면 조정불성립으로 처리되어 피의자는 더 많은 금액의 벌금을 내게 되었을 것이다. 약속은 신중하게 하고 한번 약속한 사항은 특별한 사정 변경이 없는 한 지켜야 한다는 평범한 교훈을 상기시키는 사건이었다.

49.

우리 아들 검찰에 불러 교육 좀 시켜 주세요

고등학교에 다니는 학생의 어머니와 조정 중에 부탁이 들어온 사안이다.

어머니는 이 사건은 고등학교 친구들 간의 다툼 수준의 단순 폭행으로 합의는 이미 상대방과 했으나 아이가 어머니 말은커녕 아버지 말도 듣지 않고 경찰의 조사도 두려워하지 않는다면서 검사님이 불러서 혼내 주고 교육을 해 달라고 간청하였다.

나는 조정위원실로 그 학생을 불러서 타이르려고 생각하여 일정을 잡아 어머니와 함께 아이를 검찰청에 데려오도록 하였으나 약속일을 며칠 앞두고 어머니로부터 전화가 걸려와 아이가 가출을 했다는 것이다. 나는 심각한 상황이라는 생각이 들었으며 조정위원 차원이 아닌 검사 차원의 교육이 필요하다고 판단되어 어머님께 검찰에 탄원서를 제출하여 사정을 밝히고 검사님께서 직접 불러서 훈육시켜 달라고 간곡하게 부탁해 보자고 하였다. 어머니는 그렇게 하겠다고 하였으며 나는 형사조정조서에도 학생의 어머님께서 아들에 대한 간절한 훈육을 바라고 있으며 검사의 따뜻하고 엄한 훈육이 필요한 사안이라고 밝혔다.

나는 그 후에 검사실에서 그 학생을 불러서 훈육을 했는지는 알 수가 없었으나 어머니의 탄원서와 내가 작성한 형사조정조서를 보고는 그냥 넘길 대한민국 검사는 없을 것이라는 생각이 들었다.

나는 이 사건을 통하여 조정위원과 담당 검사 간의 유기적으로 연계하는 시스템이 제도적으로 구축되어야 한다는 생각을 떨칠 수가 없었다. 검찰의 궁극적 목적도 죄에 대한 벌 자체에 있는 것이 아니라 벌에 상응한 처벌을 통하여 죄에 대한 책임을 부과하는 한편 궁극적으로는 피의자를 계도하는 데 있다고 생각하기 때문이었다.

탈고를 진행하는 와중에 윤석열 대통령의 탄핵안이 가 204표, 부 85표, 무효 8표, 기권 3표로 통과되었다는 방송이 온 TV에서 경쟁적으로 보도하고 있었다. 권불십년(權不十年) 화무십일홍(花無十日紅)이라는 말이 떠올랐다. 겸손을 배우며 세월을 아끼고 있을 때 잘 하는 것인데 하는 아쉬운 마음이 들게 하였다.

50.

열 번 찍으면 스토킹 범죄로 처벌될 수 있다

60대의 남녀는 2~3년간 사귀던 관계였는데 알 수 없는 이유로 여자 측이 헤어지자고 통지하였는데도 남자 측은 아직 헤어질 준비가 안 되어 술을 마신 후 또는 시도 때도 없이 옛 미련이 남아 사귀던 여자에게 수십여 차례 전화와 카톡을 하는 등으로 발생한 스토킹 범죄 사건이다.

경찰의 송치결정서의 내용을 살펴보니 상대방 여자는 헤어지자며 더이상 괴롭히지 말라고 분명한 의사를 밝혔음에도 남자는 술 한잔 거나하게 걸칠 때마다 옛 여인이 생각이 났는지 수시로 카톡과 전화를 하여 부득이 스토킹 범죄로 고소하였다고 했다.

조정위원인 나는 피해자 여성에게 전화로 합의 의사를 물으니 피해자 여성은 소위 쿨하게 헤어지는 것이 목적이라며 앞으로 스토킹 등으로 괴롭힘만 하지 않으면 된다며 어느 사건처럼 징벌적 합의금도 요구하지 않고 다시는 전화나 카톡 등으로 괴롭히지 않도록 경종을 주는 의미에서 선언적인 아주 적은 합의금을 요구한다고 하였다.

나는 피의자에게 전화하여 피해자가 하는 말을 전하며 합의 의사를 물으니 피의자는 "그 여자가 마음이 착해서 더욱 헤어지기 어렵다며 그래도 이렇게 고소까지 당했으니 이제는 정도 떨어지고 마음을 정리했다며 이제는 쿨하게 헤어지겠다'며 상대방에게 미안하다고 전해주라며 합의한다고 하여 조정성립으로 사건을 종결 처리하였다.

일반적으로 사귀던 남녀가 헤어지는 경우 남자나 여자나 이별을 당하는 자는 상실감이 아주 클 수밖에 없다. 최근 매스컴에서도 사귀던 여자가 남자에게 헤어지자고 했다 하여 그 여자는 물론 그 여자의 어머니까지 목숨을 빼앗았다고 하며 또 다른 지역에서도 비슷한 사건이 있었다고 보도했다. 남녀 간에 사귀기도 어렵지만 서로 쿨하게 헤어지기도 쉽지 않은 것 같다. 우리는 살면서 수많은 만남과 헤어짐을 겪으며 여기까지 왔다. 사자성어로도 회자정리(會者定離)라며 '만남에는 헤어짐이 있다'라 하지 않나! 며칠 전에 방송에서 어느 명강사가 지금 첫사랑과 살고 있는 부부 손을 들어 보라 하니 그 수많은 청중 중에 한 사람도 손을 드는 사람이 없는 것이 아닌가! 그러면서 하는 말이 우리가 첫사랑과 헤어질 때 세상이 끝날 것 같았는데 지금 거의 모두가 다른 사람을 만나서 행복하게 살고 있지 않느냐며 실패를 통해서 더 나은 삶도 있는 법이라고 하였다. 헤어짐은 또 다른 기회가 될 수 있다고 긍정적으로 생각해 보면 어떨까? 아픈 만큼 성장한다고도 하지 않는가?

옛말에 열 번 찍어 안 넘어가는 나무 없다라고 하지만 요즈음은 열 번을 찍으면 스토킹 범죄로 처벌당할 수 있다는 사실을 알아야 한다. 찍힘을 당하는 사람은 얼마나 괴로울까 어느 누구도 다른 사람을 괴롭힐 권리는 없다고 생각한다. 그래서 스토킹 방지법을 만들어 남을 지속적으로 괴롭히는 자를 처벌하자는 사회적 합의에 이른 것이렸다.

성경에는 심는 대로 거둔다고 하였다. 자기의 육체를 위하여 심는 자는 육체로부터 썩어질 것을 거두고 성령을 위하여 심는 자는 성령으로부터 영생을 거둔다고 하였다. 우리가 무엇을 심을 것인가는 자명해지는 것이지만 이것이 마음대로 안 되는 것이 인생살이 아닌가! 지금 알고 있는 것을 옛날에 알았더라면 하고 후회하지만 또다시 후회할 일을 하는 것이 범인의 일반적인 모습인 것 같다.

헤어지는 연습을 하며

조병화

헤어지는 연습을 하며 사세
떠나는 연습을 하며 사세

아름다운 얼굴, 아름다운 눈
아름다운 입술, 아름다운 목
아름다운 손목
서로 다하지 못하고 시간이 되려니
인생이 그러하거니와
세상에 와서 알아야 할 일은
'떠나는 일'일세

실로 스스로의 쓸쓸한 투쟁이었으며
스스로의 쓸쓸한 노래였으나

작별을 하는 절차를 배우며 사세
작별을 하는 방법을 배우며 사세
작별은 하는 말을 배우며 사세

아름다운 자연, 아름다운 인생
아름다운 정, 아름다운 말
두고 가는 것을 배우며 사세
떠나는 연습을 하며 사세

인생은 인간들의 옛집
아! 우리 서로 마지막 할
말을 배우며 사세

51.

피는 물보다 진하다

어느 70대 후반의 할머니가 가게에서 물건을 자주 훔치다가 이를 참지 못한 가게 주인이 CCTV 증거 등 자료를 제시하며 100만 원 상당의 물품을 절취했다고 고소한 사건이다. 조정회부서에는 피의자를 대리하여 남동생과 조정하라고 되어 있었다.

먼저 피해자는 상대방이 수차례 물건을 훔쳐 가서 부득이 고소할 수밖에 없었다며 합의금으로 500만 원을 요구한다고 하며 최소한 300만 원이 되어야 합의한다고 하였다. 피의자 측의 남동생은 누나가 이름을 대면 누구나 알 수 있는 서울의 00여상에 다녔다며 미군부대에서도 근무하는 등으로 동생들의 학비를 마련하느라고 혼기를 놓쳐 결혼도 못하고 치매가 빨리 왔다며 누나 집에 가 보면 다른 이상한 물건도 많이 보인다며 울고 싶다며 누나 대신 합의하고 싶은데 피해자가 요구하는 합의금이 누나가 치매 환자임을 고려하면 너무 많다면서 100만 원 수준으로 특별히 조정위원의 배려를 부탁한다고 정중하게 요청하였다. 나는 요즈음은 직계 가족도 나 몰라라 하는데 선생님은 방계 가족인데 정말 훌륭하시고 보기 드문 의좋은 남매라고 칭찬을 하며 저희가 힘을 내어 피해자에게 간곡히 부탁해 보겠다고 하며 너무 걱정하지 마시라고 위로를 하며 조금만 기다려 달라고 했다.

　이제 피해자에게 어떻게 하지 생각하다가 그래 한번 솔직하게 부딪혀 보는 것이지 하며 피해자에게 피의자의 사정을 전하며 합의금을 낮춰 줄 수 없느냐 하니 예상한 대로 완강히 거절하였다. 나는 편의점을 운영하는 친구로부터 절도 등으로 인한 편의점의 절도 등의 손실률이 2~3%라는 말을 떠올리며 피해자에게 선생님 편의점 운영 시 절도 등으로 인한 손실률이 2~3%라고 들었는데 요즈음 매출도 어려운데 많이 힘드시겠다고 공감을 표하며 "그런데 상대방이 고령에 치매 환자이며 결혼도 안 한 것인지 못 한 것인지 부모도 자식도 없는데 그래도 남동생이 책임감을 가지고 누나를 대신하여 피해를 변상하겠다고 하니 요즈음 보기 드문 경우입니다. 어려우시겠지만 사장님께서 실질적인 피해액 수준으로 합의액을 선처해 주신다면 남동생에게도 큰 힘이 될 것 같아요." 하니 "그 할머니가 우리 가게 근처에 오지 않도록 해 주세요." 하였다. 나는 그것은 법원으로부터 접근 금지 가처분을 받아야 하며 "설령 접근 금지 처분을 받았다 해도 상대방이 이를 이행할 수 없는 치매 환자입니다만 제가 피의자 할머니 동생에게 특별히 부탁하여 가게 부근에 오지 않도록 협조 요청을 하겠습니다만 실제적으로 그렇게 될 수 있을지는 모르겠습니다." 하니 하여튼 특별히 부탁드린다 하며 합의금 100만 원을 수용해 주었다. 나는 몇 번씩 고맙다 감사하다 복 받으실 것이다 하며 통화를 끝냈다. 나는 지체 없이 기쁜 소식을 피의자의 남동생에게 전하며 누나가 최대한 그 가게 부근을 가지 않도록 해 달라고 하니 당연히 그렇게 하겠으나 치매 환자라 자신할 수는 없다고 하였다.

　나는 "누나가 힘드셔서 자기 통제를 할 수 없어 본인의 기본적 욕구를

충족하려 하는 것 같습니다. 고령화 시대에 치매환자가 증가하여 사회적
으로 큰 문제인 것 같습니다. 너무 편잔하지 마시고 마음을 달래며 잘 지
내세요. 그래서 피는 물보다 진하다고 하는 것 같습니다. 옛날의 건강했
던 누나 모습을 떠올리며 가족을 위한 헌신에 감사하며 사랑으로 돌보시
기 바랍니다. 선생님께 따뜻한 위로와 격려를 보냅니다." 하며 안타까운
마음으로 조정을 마무리했다.

 - 인본주의 심리학자인 매슬로우(Abraham Maslow)는 모든 개인이 가
   지고 있는 일련의 욕구에 바탕을 두고 인간의 욕구 단계 이론을 만들
   었다. 아래 도표와 같은 5단계 피라미드 이론으로 낮은 단계의 기본적
   욕구가 충족되면 더 높은 단계의 욕구를 발달시키기 시작한다고 한다.

★ 매슬로우의 욕구의 단계

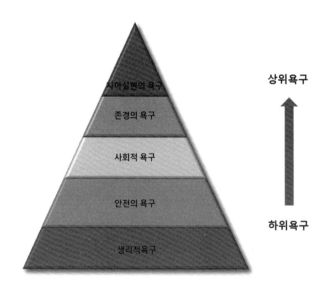

조정위원 덕분에 오늘 가족 회식하겠습니다

  길거리에서 중학생 친구 2명과 40대 선후배 2명이 사소한 시비가 벌어져 서로 밀치고 멱살을 잡는 등의 쌍방폭행으로 조정에 회부되어 온 사건이다.

  중학생들은 미성년자로 어머니가 조정에 나섰으며 서로 밀치고 멱살을 잡는 폭행으로 사과는 할 수 있으나 금전적 합의는 하지 않겠다고 단정적으로 말했다. 한편 40대의 성인들은 젊은 아이들에게 수모를 당했다며 1인당 200만 원의 합의금을 요구하여 1차 조정에서 합의가 이루어지지 않아 10여 일 후에 다시 조정하겠다고 전했다.

  10여 일이 지난 후에 이번에는 40대 성인들과 먼저 조정을 시도하여 이 사건은 쌍방 단순 폭행으로 만일 합의가 이루어지지 않으면 양쪽 모두 벌금처분이 불가피할 것이니 서로 조건 없는 합의를 하여 공소권 없음 처분으로 벌금을 받지 않는 것이 어떻겠느냐고 물으니 어린아이들한테 수모를 당했는데 그럴 수는 없다며 최소한 1인당 합의금을 50만 원은 받아야 한다고 하였다. 상대방 중학생의 어머니들도 여전히 처음과 똑같이 금전적 합의는 하지 않겠다며 서로 밀친 쌍방 폭행인데 어른들이 사과만 받으면 되지 아이들한테서 돈을 받으려고 하느냐며 짜증을 냈다. 나는 이 사건의 합의는 조건 없는 합의 아니면 합의가 이루어질 수 없다는 생각이 확고해졌다.

또 다시 일주일 후에 40대의 성인 중에 비교적 유화적인 사람과 먼저 조정에 나섰다.

"선생님 이제는 시간이 없습니다. 결정해야 할 시간입니다. 조건 없이 합의를 하시든지 아니면 벌금을 내시든지 양자 중 하나를 선택해야 합니다. 합의가 안 되면 담당 검사는 쌍방에게 벌금처분을 할 것이 명백합니다. 지금 바로 결정해 주시면 결정하시는 대로 처리하겠습니다."라며 압박 겸 재촉하니 조금 망설이더니 민사소송거리도 안 될 것 같고 아이들한테 수모를 당해서 그랬다며 조건 없이 합의하여 벌금처분이라도 면하겠다고 하며 다른 후배는 합의하지 않고 끝까지 간다고 하였다고 전했다. 나는 다른 친구 분은 제가 별도로 설득해 보겠다고 하며 양보를 해 주셔서 고맙고 아이들도 느끼는 바가 있을 것입니다 하니 웃으면서 '이젠 다 잊으렵니다' 하였다.

이제는 마지막 한 사람에게 곧 바로 남은 40대의 남자에게 전화를 걸어 선배 분은 조건 없이 합의하기로 하였습니다. 합의가 안 되면 합의금을 받기는커녕 쌍방 모두 벌금처분을 받게 됩니다. 만족스럽지 못하고 조금은 억울하더라도 벌금을 내는 선택을 하는 것은 바람직하지 않습니다 하니, "내가 중학생 아이들 하는 짓이 너무 괘씸해서 합의해 줄 마음이 생기지 않아서 그렇습니다. 그런 친구들은 쉽게 합의해 주면 또 그런 짓 합니다." 하며 며칠간 시간을 달라고 했다. 나는 경험적으로 이쯤 되면 9부 능선을 넘었다는 생각이 들면서 소뿔은 단김에 빼라 했듯이 바로 결정하도록 재촉하며 "선생님께서 어린 중학생한테 수모를 당했으니 얼마나 억울하고 분하시겠어요. 요즈음 젊은 친구들 많이 버릇이 없지요 그런데 2천여 년 전 이집트인가의 낙서에도 똑같은 낙서가 있다고 합니다. 저희 젊을 때 어르신들께서도 그렇게 생각하셨겠지요. 그래서 철모르는 애들입니다. 어른인 우리가 가정 교육부터 잘못한 것 같아요. 세대 차이도 있고요. 그래도 선생님께서 벌금까지 내게 되는 선택을 한다면 좋은 선택이라고 할 수 없지 않을까요? 그 아이들을 위해 합의하는 것이 아니라 선생님의 경제적 피해가 없는 선택을 권하고 싶습니다. 이런 때는 못 이기는 척하고 조건 없이 합의하는 것이 최선입니다. 상대방은 돈을 주고 합의는 하지 않겠다고 합니다. 합의가 되면 양측 모두가 벌금도 내지 않게 됩니다. 벌금 내실 돈으로 오늘 저녁 가족 회식이라도 하시지요." 하며 정중히 한편은 밀어 부치듯이 설득하니 "내가 졌습니다. 조정위원님 덕분에 오늘 가족회식이나 하겠습니다 감사합니다." 하였다. 나는 잘 결정하셨다고 말하며 조정을 마쳤다. 밖에는 한 여름의 열기를 식히는 가랑비가 어서 가라고 세차게 내리고 있었다. 나는 조정위원이 조정 대상자에게 가족 회식도 시켜 줄 수 있구나 하며 나도 모처럼 삼겹살로 가족 회식이나 하자고 하며 즐겁게 책상을 정리했다.

때에 따라서는 못이기는 척하며 양보하거나 뒤로 물러서는 선택을 하는 것도 체면과 자존심을 지키면서 필요한 것을 얻어 낼 수 있는 것이라는 생각이 드는 사건이었다.

제 이름을 숨겨 주세요

이번 사건은 단란주점에서 온 손님이 잠시 자리를 비운 사이에 모바일 폰을 여자 종업원이 훔쳐 가서 절도죄로 입건된 사건이었다.

피해자는 모바일 폰을 돌려받았다며 합의금도 상징적으로 조금을 요구하여 쉽게 합의가 이루어졌으며 피의자도 합의금을 조정 당일에 계좌 입금하여 조정이 이루어졌다.

문제는 피해자로부터 합의서를 받는 과정에서 일어났다. 피의자는 피해자를 좋아하였다 하며 피해자가 자리를 비운 사이에 모바일 폰을 훔쳐 보고는 다시 갖다 놓으려 했는데 그 타이밍을 잡지 못해 절도로 몰렸다며 절대로 상대방에게 자기 이름을 밝히지 말아 달라고 애원하였다. 담당 조정위원은 합의서에 피의자를 특정하지 않으면 안 된다며 거절하니 피의자는 울면서 사정하였다. 나는 곁에서 이 사건의 진행을 듣고 있으면서 두 남녀 간의 특별한 사정이 있다는 것을 직감하며 성추행 사건의 경우 피해자의 신분을 노출하지 않기 위해 익명 또는 가명으로 합의서를 작성하듯이 피의자도 신분을 밝히지 않아도 합의 성립의 진정성이 확보될 것인데 하고 생각하였으나 담당 조정위원은 자신이 하는 일은 항상 옳다고 하는 성격으로 공연히 분란을 일으키지 말자며 내 의견을 내지도 개입도

하지 않았다. 결국에는 피의자가 피해자에게 신분을 노출하지 말아 달라고 강하게 항변하며 따지듯이 요청하여 담당 간사인 검찰 직원과 협의하여 피의자의 이름을 밝히지 않는 합의서를 제출 받아 종결 처리하였다.

표준 양식은 업무상 표준화 등의 편의를 위해서 만든 것이다. 본질을 해하지 않고 다른 법령에 저촉되지 않는다면 당사자의 요구를 충분히 반영하여 적정하게 수정하는 유연성을 가질 수 있을 것으로 생각된다.

세상에는 없는 것이 3가지 있다고 하지 않는가? 비밀, 정답, 공짜란다. 나는 여기에 한 가지 더 보태어 영원한 것은 없다는 생각이 들었다. 나는 조정위원들이 법과 원칙을 지키되 경직된 자세를 벗어나 조정위원 중심이 아닌 조정당사자들 중심의 형사조정 자세를 가져야 한다고 적극 권하고 싶어졌다. 조정위원들이 조정대상자들에게 유연성을 발휘하기 위해서는 법에서 정하는 취지를 충분히 이해하며 조정 업무에 정통하여야 하고 동료 조정위원의 의견을 존중하며 경청하는 내공을 가져야 질 높은 형사조정 서비스를 할 수 있다고 생각하게 하는 사건이었다.

54.

체불 임금을 받고도 지연이자를 받지 못했다며
합의서 제출을 거절

    회사를 퇴직한 근로자가 재직 중에 최저 임금액에 미달되는 임금을 받아 임금이 체불된 금액이 있다 하여 노동청의 근로감독관이 50여만 원의 체불액을 인정하여 사업주가 검찰에 고발되어 온 사건이었다.

    임금 사건은 조정위원 중에 노무사 자격이 있는 전문 조정위원이 담당하고 있는데 사업주는 할 말이 많지만 근로감독관이 적시한 체불액을 바로 지급하겠다고 하며 진정인 계좌에 입금한 후에 입금증을 보내왔다. 노무사인 조정위원은 비상근이어서 이 이후의 뒤처리는 상근위원인 내가 해야 했다.

    그러나 진정인은 체불 임금액을 받았으나 지연 지급에 따른 이자를 받지 못했다며 합의서를 보내 주지 않겠다고 하였다. 나는 체불 임금의 지연 지급에 따른 이자는 근로기준법 제36조의 금품에 해당되지 않아 처벌 대상이 아니므로 법원에 민사소송으로 해결해야 한다고 설명하니 진정인은 나는 법은 모르겠고 밀린 임금을 받으려고 엄청 힘들었다며 이자를 주지 않으면 처벌을 원하지 않는다는 내용이 포함된 합의서를 제출할 수 없다며 법대로 처벌을 해 달라며 그동안의 감정이 녹아 있는 말투였다. 나는 시간을 두고 감정이 가라앉은 후에 다시 시도하자고 생각하며 내 설명력이 부족할 수도 있으니 다른 노무사 조정위원에게 합의서 작성을 독려하여 진정인에게 충분히 설명하고 합의서를 작성해 달라고 간곡히 부탁하였으나 역시 지난번과 같이 이자를 주지 않으면 합의서를 제출하지 않겠다고 하였다.

체불임금은 근로자의 생활 안정을 지원하기 위하여 사업주로 하여금 체불 임금 지급을 촉진하여 진정인에게 체불 임금의 조기 지급을 유도하고자 진정인으로부터 처벌 불원의 내용이 포함된 합의서를 받으면 반의사불벌죄로 공소권 없음 처리하여 벌금도 부과되지 않도록 하고 있는 것이다. 따라서 여기에 필수적 요소가 진정인인 피해자의 피의자에 대한 처벌을 원하지 않는다는 합의서에 명시적인 의사표시인 것이다. 나는 하는 수 없이 형사조서상에 체불 임금은 전액 입금하였으나 진정인은 지연이자를 주지 않았음을 이유로 처벌불원의 뜻이 담긴 합의서 제출을 거부한다는 내용을 기록하여 조정불성립으로 조정을 마무리할 수밖에 없었다.

이러한 경우는 100에 하나 둘 있기도 하다. 근로기준법에서 체불 임금에 대한 이자까지 포함하여 형사처벌을 하지 않는 깊은 고민의 결과 그렇게 규정한 것이라고 생각하며 일반적으로 수많은 사람들이 체불 임금을 받는 것 자체도 어려울 때가 많이 있는 것이 현실이며 대부분의 경우에는 진정인이 밀린 임금만이라도 받을 수 있음에 감사하고 있는 것이다. 그리고 나서 필요한 경우에는 법원에 민사소송으로 체불임금에 대한 미지급 이자를 해결하는 법적 절차가 별도로 있다는 것을 진정인이 이해해 주었으면 하는 사건이었다.

★ 근로기준법 제36조(금품 청산)

사용자는 근로자가 사망 또는 퇴직한 경우에는 그 지급 사유가 발생한 때부터 14일 이내에 임금, 보상금, 그 밖의 모든 금품을 지급하여야 한다. 다만, 특별한 사정이 있을 경우에는 당사자 사이의 합의에 의하여 기일을 연장할 수 있다.

근로기준법 제37조(미지급 임금에 대한 지연이자)

1. 사용자는 제36조에 따라 지급하여야 하는 임금 및 근로자퇴직급여 보장법 제2조제5호에 따른 급여(일시금만 해당된다)의 전부 또는 일부를 그 지급 사유가 발생한 날부터 14일 이내에 지급하지 아니한 경우 그 다음날부터 지급하는 날까지의 지연일수에 대하여 연 100분의 이내의 범위에서 은행법에 따른 은행이 적용하는 연체금리 등 경제여건을 고려하여 대통령령으로 정하는 이율에 따른 지연이자를 지급하여야 한다.

위 조항에서 지연이자는 임금과 퇴직금에만 적용된다는 것이다. 따라서 해고예고수당, 휴업수당 및 그 외 기타 금품에 대해서는 이자가 발생하지 않는다는 점에 유의하여야 한다.

55.

무서워서 연락 안 했어요

어느 중증 지적 장애인이 마트에서 8만 원 상당의 물품을 훔쳐 가서 절도죄로 조정에 넘어온 사건이다. 조정회부서에 피의자가 중증 지적 장애인이라며 그의 아버지와 조정하라고 명기되어 있었다.

피해자는 피해금액의 5배 수준을 합의금으로 요구하였으며, 피의자의 아버지는 연락이 되지 않아 문자만 남겨 놓았다. 그러나 피의자의 아버지는 1차, 2차, 3차 시한까지 정하여 전화도 하고 문자를 보내 연락을 달라고 하였으나 무응답이었다. 하는 수 없이 조정 시한이 다가오면 소환불능으로 불성립처리 하는 수밖에 없는 것이다. 그런데 조정 시한을 며칠 앞둔 어느 날 생각지 않게 피의자의 아버지로부터 전화가 걸려 왔다. 나는 왜 그동안 수차례 문자로 연락했음에도 아무 연락도 하지 않았느냐고 핀잔 겸 불만스럽게 말하니 겁이 나고 무서워서 연락을 안 했다는 것이다. 나는 전화 통화 과정에서 그가 경제적으로 어려운 상태이며 배움도 많지 않음을 느낄 수 있었다. 피해자가 요구하는 합의금을 전하여 주며 집 옆에 있는 00 마트를 찾아가서 아들이 중증 지적 장애인이며 집안 형편의 어려움을 잘 설명하고 합의금을 조정해 달라고 사정해 보라고 권했다. 한편 피해자에게도 전화를 하여 그간의 과정을 설명하고 피의자의 아버지가 연락이 오면 합의금 수준을 낮춰 주면 고맙겠다고 하니 피해자는 나도 피의자가 장애인이라는 말을 들어 전부 받을 생각이 아니었다고 하며 내가 생각한 이상으로 합의금을 조정해 주었다. 나는 피의자의 아버지에게 전화하여 합의금과 입금 계좌를 알려 주어 당일로 입금하여 조정을 성립 처리할 수 있었다.

우리는 삶의 과정에서 많은 어려운 일과 마주치게 된다. 두려워하지 말고 조언자를 찾으며 능동적으로 해결하는 자세를 가져야 한다. 말로 천냥 빚도 갚는다. 하늘이 무너져도 솟아날 구멍이 있다. 하늘은 스스로 돕는 자를 돕는다 하는 속담처럼 적극성과 희망을 가지고 긍정적으로 해결하는 삶의 자세를 가지도록 권하고 싶다. 오늘은 피해자가 피의자의 어려운 입장을 잘 이해하여 주고 양보해 줘 웃으며 조정을 아름답게 마칠 수 있어서 여전히 살만한 훈훈한 사회이구나 하는 생각을 가지며 조정을 마치는 좋은 하루였다.

사람이 죽을 때 가장 후회하는 것이 무엇일까? 하고 생각을 해봤다. 그중에서 나와 코드가 맞는 글이 있어 소개해 본다. 호주의 간호사가 호스피스에서 일하면서 말기 환자들과 나눈 대화를 정리한 《죽을 때 가장 후회하는 다섯 가지》라는 책의 내용이다.

1) 자신에게 충실하지 못한 삶이다.
- 이는 나의 진정한 욕구와 열망을 따르지 못하고, 타인이나 사회적 기대에 너무 부응하려고 살아왔다는 것이다.

2) 너무 열심히 일한 것에 대한 후회이다.

- 일반적으로 열심히 일하지 못한 것에 대한 후회이지만 너무 성취 욕구가 많아 가족과의 시간을 소중히 여기지 못하고 일에만 매진했음을 후회하는 것이다. 대부분의 사람들은 열심히 일하지 않았음에 대한 후회일 것이나 저자는 균형 있는 삶을 살지 못한 후회라고 이해된다.

3) 감정을 표현하지 못한 것에 대한 후회이다.

- 사랑이나 감사, 심지어는 서운함을 제대로 표현하지 못하였음을 아쉬워하는 것이다.

4) 친구들과 소원한 것에 대한 후회이다.

- 일상에 쫓겨 소중한 사람들과의 관계 유지를 못 하고 멀어진 외로움을 느끼게 되며 삶의 마지막 순간에 친구들의 존재가 큰 위로가 될 텐데 하는 아쉬움이다.

5) 자신을 더 행복하게 하지 못한 것에 대한 후회이다.

- 수많은 선택에서 자신이 더 행복한 삶을 선택하지 못하고 타인의 시선을 의식하거나 지나친 걱정으로 내 행복을 미뤘던 것에 대한 아쉬움이다.

나는 나의 마지막 남은 삶을 "~할걸"에서 "~하자"라는 자세로 살자고 나 자신을 자주 자주 다그친다. 즉 "걸"을 "자"라고 하며 살자는 것이다. 나에게 충실할걸, 가족과 가까운 사람을 사랑할걸, 베풀며 살걸, 행복을 느끼며 살걸에서 나에게 충실하게 살자, 사랑하며 살자, 베풀며 살자, 행복을 느끼며 감사하며 살자고 하는 것이다. 문제는 이런 사고의 전환이 잘 되지 않는다는 점이다. 이를 잘할 수 있는 사람이 자기만의 인생무대인 자신의 삶을 책임 있게 사는 것이라는 생각이 들었다.

56.

의료기관 등에서 운전 부적격자 진단 시 운전면허 취소를 제도화해야

교통사고로 상대방에게 8주간의 치상 사고를 일으킨 피의자는 그의 부인이 조정에 나섰다. 피해자는 변호사를 선임하여 민형사합의는 합의금 5천만 원을, 형사만 합의하는 경우에는 형사합의금 3천만 원을 요구하였으며 피의자 측은 자동차 매각대금인 800만 원까지 만을 합의금으로 제시한다 하였으나 피해자 측이 동의하지 않아 10여 일 후에 다시 조정하기로 했다.

10여 일 후에 피의자에게 전화를 걸어 부인의 이름을 말하고 바꿔 달라고 하자 전화를 받은 남편인 듯한 남자는 잠깐 나갔다고 하더니 지금 막 들어온다며 전화를 바꿔 주어 부인과 통화를 하고 있는데 전화 너머로 들려오는 "여보! 내가 사고 냈어?" 하며 부인에게 묻는 조금 전의 남자의 목소리가 들려왔다. 나는 느낌이 이상하여 혹시 조금 전에 전화 받으신 분이 OOO(조서상 피의자)이 아니냐고 물으니 그렇다고 하면서 약간의 치매 증상이 있다며 그래서 부인인 자기하고 조정하겠다고 한 것이라고 하였다 한다. 나는 그럼 치매 환자가 자동차를 운전하였다는 이야기 아닌가? 하며 합의금을 물었으나 여전히 800만 원을 주장하여 조정불성립으로 처리할 수밖에 없었다.

사건을 돌이켜 보니 치매 환자인 남편이 자동차를 운전하고 사고를 냈다는 사실이다.

요즈음 심심치 않게 고령의 운전자가 교통사고를 냈다는 뉴스가 전해져 온다. 고령이라 할지라도 충분히 젊은 친구들 못지않게 운전을 잘하는 사람도 있겠지만 여러 능력이 떨어지는 것이 일반적이다. 따라서 고령자는 물론 일반인들도 의료기관 등에서 운전 부적격자로 진단하는 경우에는 운전면허 발급기관에 의무적으로 통지하여 자동적으로 운전면허를 취소하도록 조치함으로써 당사자는 물론 일반 시민의 교통사고로 인한 피해를 미연에 방지하는 사회적 시스템을 하루 빨리 구축해야 한다고 강하게 제안하고 싶어진 하루였다.

★ 고령자(75세 이상) 운전면허 갱신절차

1단계 치매 선별검사 받기

- 가까운 치매안심센터(Tel 1666-0921)에서 검사를 받은 후에 검사 결과를 교통안전교육기관에 제출해야 한다.

2단계 교통안전교육 이수하기

- 온라인 교육 또는 현장 교육 중 선택할 수 있다.
- 온라인 교육은 도로교통공단 이러닝센터에서 '고령운전자(의무)교육'을 수강한다.

3단계 적성검사 받기

- 운전면허 시험장이나 경찰서에서 받는다.

* 적성검사 시 준비물

① 치매 선별검사 결과지

② 교통안전교육 수료증

③ 운전면허증 및 수수료

④ 여권용 사진(3.4×4.5cm) 2장

⑤ 건강검진 결과지

* 고령자 운전면허 갱신 주기 변경

- 2019년 1월 1일부터 75세 이상 고령 운전자의 운전면허 갱신 주기가 3

   년으로 변경됨

-〉 전화로 문의하기***

57.

피의자를 용서해 준 대단한 피해자

폐지를 주워 생계를 이어 가는 어느 할아버지가 피해자가 잠시 자리를 비운 사이에 남의 물건 박스를 가져가서 절도 혐의로 검찰에 송치된 사건으로 할아버지 할머니들이 돈 되는 욕심으로 가져가곤 해서 종종 발생하는 사건이었다.

피해자는 고가의 신발이 몇 켤레 있었다며 최소한 합의금을 100만 원은 받아야 한다고 하였다. 나는 피해자에게 피의자가 경찰의 조사에 의하면 할아버지가 잘못을 인정했고 70대로 기초생활수급자라는 사실을 전하며 상대방이 합의금을 조정해 달라 하면 어느 정도까지 가능한지 물으니 고맙게도 피해자는 상대방의 뉘우치는 정도와 경제적 사정을 고려하여 상당 수준이 조정이 가능하다는 관용의 뜻을 보였다. 피의자인 할아버지에게 피해자가 요구하는 합의금을 전하니 내가 잘못은 했는데 기초생활수급자이고 그것을 팔아서 겨우 몇 천원 받았다며 하루에 폐지를 주워 1~2만 원을 벌며 살고 있다고 10만 원도 큰 돈인데 내가 잘못을 했으니 10만 원까지는 합의를 하겠다며 도와 달라고 사정사정하였다. 나는 그러니 왜 남의 물건에 손을 대느냐고 하니 '다시는 안 그러겠다며 한 번만 좀 도와 달라'고 하여 상대방에게 최대한 할아버지의 사정을 전하고 노력해 보겠다고 하였다.

피해자와 통화하여 피의자인 할아버지께서 진심으로 잘못을 인정하고 뉘우치며 용서해 달라고 간청하시면서 폐지를 주워 어렵게 살고 있다며 10만 원도 큰돈이라면서도 잘못을 했으니 10만 원까지는 합의금을 드린다고 전하니 피해자는 조정위원께서도 할아버지의 진정성을 느꼈는지 물어 왔다. 나는 솔직하게 말씀드리겠다며 "그 할아버지는 다른 폐지 줍는 사람들과 달리 자기 합리화에만 주장하지 않고 진심 어린 사죄의 느낌을 받았습니다" 하니 깜짝 놀랄 말을 해 왔다. 할아버지가 진심 어린 뉘우침이 있다는 느낌을 조정위원께서 공감했다 하니 이왕 잃어버렸다고 생각했으니 조건 없이 합의하겠다고 하면서 다만 한 가지 조건이 있다면서 그 할아버지께 다른 경우에도 이렇게 쉽게 조건 없이 합의할 수 있다고 생각하지 않도록 주의를 줘 달라고 하였다. 나는 내 귀를 의심하며 "그럼 조건 없이 합의해 주신다는 말씀이네요 말씀하신 사항은 충분히 상대방에게 주지시키도록 하겠습니다. 선생님 정말 대단하십니다. 복 받으실 것입니다. 감사합니다." 하며 "빨리 할아버지께 반가운 소식을 전하겠습니다. 좋은 하루 되세요." 한 후에 곧바로 반가운 소식을 할아버지께 전하면서 이번에 좋은 사람을 만나서 이렇게 조건 없이 합의된 것이니 앞으로는 절대 남의 물건에 손대지 마시라고 당부하니 "예 다시는 그러지 않겠습니다. 그리고 상대방에게 용서해 줘서 고맙다고 꼭 전해주십시오." 하였다. 참 오랜만에 보는 관용적인 피해자였으며 형사조정위원으로서 보람과 훈훈한 온정을 느끼는 하루였음이 분명했다.

우리는 종종 할아버지 할머니께서 힘들게 폐지를 수거하고 있는 모습을 본다. 비교적 쓸 만해야 돈이 더 될 것이기에 쓸만한 것에 눈길을 둘 것임이 당연할 것이다. 대부분의 피해자는 어떻게든지 합의금을 조금이라도 더 받으려고 나름대로 논리와 자기 합리화를 주장하는 것을 자주 보아온 나로서는 조정위원보다 더 대단한 사람이라고 인정하지 않을 수 없게 했다. 나는 남의 물건을 훔치는 사람을 옹호할 생각은 없으나 생계형 범죄인 경우에는 측은하기 짝이 없다. 베풀 수 없는 사람은 없다고 한다. 웃음을 줄 수도 있고, 사랑과 용서를 줄 수도 있다고 한다. 용서는 하나님이 인간에게 준 선물이라고 한다. 우리나라의 종교인은 전 인구의 약 50%라고 한다. 그 종교인의 반의 반만이라도 용서와 자비를 실천하며 "일곱 번씩 일흔 번을 용서하라 내가 너를 불쌍히 여김과 같이 너도 네 동료를 불쌍히 여김이 마땅하지 아니하느냐" 하는 성경 말씀과 불교에서의 모든 존재에 대한 사랑과 연민을 의미하는 자비를 실천하며 용서하는 삶을 살았으면 좀 더 좋은 사회가 될 터인데 하는 생각이 드는 하루였다.

58.

끝은 새로운 시작…
보람 있고 가치 있는 삶을 살자 다짐

상근 조정위원을 내 스스로 그만두고 아들과 아내와 셋이서 태국 치앙마이 8박 9일 여행의 마지막 날 호텔을 체크아웃하고 호텔의 21층 라운지에서 여행의 피로를 털어 내며 시내를 한가로이 내다보며 카푸치노 한잔을 맛보고 있었다.

아들은 다른 테이블에서 재택근무 형태로 자기 일을 하고 집사람은 서울의 친구들과 카톡 수다에 열중이었다. 시내에 높은 건물이 없어서 21층으로 그리 높지도 않은데 시내를 내려다보는데 거침이 없고 서울과 달리 미세먼지가 없어 시야가 정말 좋다. 내가 갑자기 상근 조정위원을 그만두어서 나를 좋아하는(?) 위원들은 갑자기 어찌 된 일이냐고 전화를 걸어오기도 했다. 나는 해외 로밍을 일부러 하지 않아서 겨우 와이파이가 가능한 곳에서만 카톡이나 보이스톡으로 연락하며 구차하게 설명하고 싶지도 않아 서울에 들어가서 연락하자고 간단하게 대화할 뿐이었다.

상근 조정위원으로 지낸 2년간을 돌이켜보면 갖은 우여곡절이 많았다. 그 길지도 그렇다고 짧지도 않은 기간을 일 때문이 아닌 대인관계상 말 못 할 스트레스와 긴장을 견디고 지낸 것을 생각하니 나 스스로 대단했다는 생각이 들었다. 이러한 사정을 아는 어느 동료 조정위원은 커피도 함께하며 위로해 주고 또 어떤 동료는 기왕 시작했으니 1년쯤 하다가 그만 두라 하기도 했으니 말이다. 안타까운 것은 그런 분위기를 솔직하게 여기에 밝힐 수가 없다는 것이다. 다만 나는 절이 싫으면 중이 절을 떠나는 것이라고만 은유적으로 표현하는 것이 전부였다. 또 다시 2년간의 상근조정위원을 재위촉받고는 이제는 부담 없이 내 스스로 결단하여 떠날 수 있음에 감사하게 생각하고 지냈다. "돈을 잃으면 조금 잃는 것이고, 명예를 잃으면 많이 잃는 것이지만, 건강을 잃으면 전부를 잃는 것이다."라는 말이 있듯이 나는 나의 건강을 위해서 상근직을 내 스스로 그만두기로 한 것이다. 검찰의 관련자에게는 구차하게 설명할 필요가 없을 것이어서 나의 현재의 건강은 문제가 없으나 나의 미래의 건강을 해치고 싶지 않아서 그만둔다고 은유적으로 그만두는 이유를 말했다.

나는 조정위원의 기본적인 소양은 법률적 지식 기반이기보다는 인성과 라포(Rapport) 형성 능력이 기반이 되어야 한다고 생각한다. 조정위원 간에 라포 조성도 못 하는데 어떻게 진정 어린 피해자와 가해자 간의 라포 형성이 가능할 것인가? 공적인 일인 형사조정 업무도 중요하지만 필부인 나의 건강을 해치고 싶지 않아서 중도에 그만두는 결정을 한 것이다. 우리가 졸업식에서 자주 듣던 졸업은 끝이 아니라 새로운 시작이라는 말을 새기며 내 정신적 육체적 건강을 위하여 지금의 나이에 얻기 힘든 일자리?를 스스로 그만두며 끝은 새로운 시작일 수 있다는 믿음으로 과감히 결단한 것이다. 이제 삶의 보람과 의미를 찾기 위해서라도 새롭게 할 소일거리를 찾도록 노력하자고 스스로를 다그치되 너무 조급해하지는 말자고 위안하며 지금 쓰고 있는 졸고를 가다듬을 시간을 가지자 생각하며 어차피 인생무상(人生無常)이며 빈손으로 가는 것 아닌가! 하며 스스로를 위로했다.

　나는 가끔씩 기회가 되면 가족이나 조카들에게 인생은 긴 마라톤이다. 지금에 안주하거나 좌절하지 말고 끈기와 자기 성찰로 100세 시대의 삶을 살라고 말한다. 시련은 우리를 생각하게 하고, 생각은 우리를 현명하게 만들며 지혜는 우리 인생을 열매 맺게 한다는 말을 떠올리며 냉철한 머리와 뜨거운 열정을 가지고 수많은 선택의 기로에서 현명한 선택과 집중으로 삶의 가치와 보람을 추구하며 믿음 안에서 승리하는 삶을 사는 것이야 하며 스스로를 위로하며, 끝은 새로운 시작인 것이야! 심지어는 이승의 끝은 새로운 저승의 시작일 수도 있다고 스스로를 위로하며 이제부터 새로운 시작을 하자고 다짐하며 치앙마이 공항으로 향했다.

59.

직장 내에서의 성추행 사건

피의자는 직원 10여 명을 고용하여 건물 청소 용역을 하는 사장으로 새로 들어온 한 여성 청소부를 성희롱하여 검찰에 송치되어 온 사건이다.

먼저 피해자인 여성에게 전화를 하여 내용을 들어 보니 피해자는 새로이 일을 시작한 지 한 달쯤 되었을 무렵에 사장님이 수고가 많다며 저녁을 사 준다 하여 다른 동료와 함께 저녁식사를 한 후 집에 가려는데 사장님이 나도 약속이 있어 우리(피해자) 집 방향으로 가야 한다면서 사장님 차에 타라 해서 망설이고 있는데 마침 다른 동료 한 명도 함께 타서 안심하고 고마운 마음으로 차에 탔는데 함께 탄 다른 동료가 다른 볼일이 있다면서 중간에서 내려서 둘만 남게 되었고, 사장님이 손이 곱다고 손을 만지며 젖가슴선도 이쁘다며 추행을 하였다는 것이다. 나는 직장 내에서 그런 성범죄가 발생하지 않도록 교육도 하고 직원 관리를 해야 할 책임이 있는 사장이 그런 짓을 했으니 처벌받아 마땅하다고 공감하면서 혹시 상대방이 합의해 달라고 했느냐고 물으니 사장님이 합의금으로 500만 원을 준다고 했는데 이제는 그 회사도 다닐 수 없다며 합의금을 1,500만 원을 요구한다고 하였다. 나는 상대방과 협의하여 최대한 노력해 본 후에 다시 연락하겠다고 하였다.

인생은 긴 마라톤

곧바로 피해자인 사장에게 피해자의 합의 요구액을 전하니 그는 경찰 단계에서 합의금을 500만 원으로 제시했다며 이 사건으로 회사에도 과태료를 부과받았다면서 양측의 중간 선에서 중재를 해 주기 바란다고 하였다. 다시 피해자 여성에게 연락하여 이 사건으로 피해자는 회사에 과태료도 부과되었다며 중간선에서 조정해 달라고 한다고 전하니 피해자는 그래도 내가 피해자이니 중간선보다 조금만 더 준다면 합의하겠다고 하여 나는 그러면 1,100만 원이면 합의할 수 있나요 하니 피의자가 이를 수용하여 합의가 비교적 어렵지 않게 이루어졌다. 직장 내에서 자칫 위계에 의한 성추행이 발생하기 쉽다. 아마도 조정위원인 나를 비롯한 비슷한 나이의 사람들을 지금의 잣대로 옛 언행을 잰다면 어김없이 성추행으로 창피를 당했을 것이다. 시대가 바뀌었음을 알고 변화에 적응할 줄 알아야 생존할 수 있음을 알아야 한다. 소위 적자생존인 것이다. 한편 어느 여성 조정위원의 경우에는 성 관련 사건이 과거에는 소위 그냥 넘어갈 수도 있는 사소한 경우가 사건화되는 시대임을 알고는 아들에게 많이 주의를 주고 있다며 아들 키우기 겁이 난다고도 한다. 성 관련 사건은 상대방이 성적 수치심을 가졌다고 주장하면 방어하기도 힘들고 이를 입증하기도 어려우며 잘못하다가는 2차 가해가 될 수 있는 것이 현실이다. 그러나 누가 고양이 목에 방울을 달 수 있겠는가! 상대방에게 전혀 빌미를 주지 말아야 하는 시대임을 알고 스스로 언행을 조심하라고 말해 줄 수 있을 뿐이다.

★ 직장 내의 성추행

직장 내 성희롱은 일반적으로 "상대방이 원치 않는 성적인 말이나 행동을 하여 이로 인하여 성적 혐오감이나 수치감을 가지게 하는 행위"를 말한다.

- 성폭행은 상대방의 의사에 반하는 성적인 유무형의 모든 폭력 행위이며
- 성추행은 폭행 및 협박으로 다른 사람을 성적으로 추행하는 것을 의미하므로 당시의 행위가 폭행, 협박의 정도가 아닌 경우를 성희롱으로 본다.
- 직장 내 위계 등을 이용한 추행은 "성폭력범죄의 처벌 등에 관한 특례법 제10조" 업무상 위력 등에의 추행죄로 3년 이하의 징역 또는 1,500만 원 이하의 벌금에 처할 수 있다.
- 성폭력 범죄를 예방하고 피해자를 보호하기 위해 "성폭력범죄의 처벌 등에 관한 특례법"이 제정되었으며 이 법에 저촉되어 형사조정에 많이 회부되어 오는 범죄는 성폭행, 성추행, 성매매 등 외에 최근에는 각종 SNS 등의 발달로 통신매체이용음란(줄여서 통매음이라고도 한다), 업무상 위력에 등에 의한 추행, 공중밀집장소에서의 추행, 카메라 등을 이용한 촬영, 허위 영상물 등의 반포 등이 있다.

한편 70대를 넘긴 어르신들이 성인지 감수성(Gender sensitivity, 남녀 간의 성적 차별과 불평등을 인지하는 광범위한 능력) 부족과 성에 대한 시대적 변화에 대한 인식 부족으로 종종 사건화되어 오는 것은 참으로 안타까운 일이나 시대에 따라 법도 변하는 것임을 알고 슬기롭게 대처에 나갈 수 있도록 자기 관리에 힘써야 할 것이다.

60.

자동차보험과 운전자보험

자동차보험은 자동차 사고로 인하여 발생한 법률상 배상책임과 자기 신체 및 차량에 발생한 손해를 보상하는 보험이다.

크게 의무적으로 가입해야 하는 책임보험과, 선택적으로 가입 여부와 보장 범위를 정할 수 있는 종합보험으로 구분한다. 책임보험과 종합보험 의 핵심적 차이는 민사적으로 배상금액의 한도가 다르며, 형사적인 측면 에서는 경미한 교통사고 발생하는 형사책임은 종합보험의 가입 특례로 인하여 처벌되지 않는 것이다. 그러나 12대 중과실의 경우에는 특례가 적용되지 않아 피해자와 별도의 합의를 해야 한다.

1) 책임보험

의무적으로 대인배상1과 대물배상 2천만 원 이상을 가입해야 하며 책임보험에 가입하지 않았다면 벌금을 내야 한다.

대인배상1은 자동차 사고로 인한 타인을 상해 및 사망 사고 시 법률상 손해배상책임을 보상한다.

대물배상은 타인의 차량 및 재물 파손을 보상하며 2천만 원 이상을 가입해야 한다.

2) 종합보험

종합보험은 의무 가입이 아닌 선택적 가입 보험이며 가입자는 교통사고처리특례법에 따라 신호위반, 중앙선 침범 등 12대 중과실을 제외하고 형사처벌을 면할 수 있다. 책임보험만 가입했다면 형사처벌을 면할 수 없다.

대인배상2는 대인배상1의 초과 손해에 대한 보상을 할 수 있다. 대인배상2는 보상금액 한도를 설정할 수 있는데 보통은 무한으로 설정하여 상대에 대한 보상을 전체적으로 할 수 있게 대비한다.

대물배상은 자동차손해배상 보장법상 책임보험의 기본 한도가 1천만 원으로 종합보험의 추가 보험료를 내고 대물배상을 확대하여 외제차 등 고가 차량의 손실은 보장한다.

자기신체사고/자동차상해는 피보험자가 교통사고로 사망, 후유장애, 부상이 생긴 경우 보장한다.

무보험자동차에 의한 상해는 무보험자동차나 뺑소니차에 의한 상해를 입은 경우에 보상받을 수 있다.

인생은 긴 마라톤

3) 운전자보험

  종합보험이 사고 발생 시 피해자에게 보상금을 지급하며, 차량의 파손
이나 도난, 자연재해 등의 손상을 보장한다면, 운전자보험은 운전자의 신
체나 운전과 관련된 법적 책임에 대한 보장을 해 주는 보험이다. 운전자
의 법적 책임에 따른 변호사 비용 및 합의금을 지원해 준다. 따라서 가급
적이면 운전자보험에 가입하여 추가적인 법적 책임에 대한 준비를 함이
바람직할 것으로 보인다.

61.

부끄럽습니다
합의금을 500만 원으로 해 주세요

이번 사건은 친구 간에 빌려준 돈을 받지 못해 사기죄로 고소한 사건이다.

조정일에 먼저 고소인 측에 내용을 들어 보니 상대방이 음식점을 하였는데 한 달 후에 꼭 갚겠다고 하며 3,000만 원을 빌려달라고 하여 선뜻 빌려주었는데 3년이 지났다며 그동안 수차례 독촉을 하여도 원금은 물론 이자도 갚지 않는다며 이자를 포함하여 4,000만 원을 주면 합의하겠다고 하였다.

피의자에게 합의 의사를 물으니 피의자는 당연히 빌린 돈을 갚아야 하는데 잘못되어 집도 날리고 서울 변두리에 전세로 근근이 살고 있으며 지금은 택배 일을 하고 있다며 전부는 아니더라도 원금의 절반이라도 꼭 갚는다고 전해주라 하며 돈 때문에 좋은 친구 사이도 멀어졌다면서 울면서 하소연했다. 나는 인생은 긴 마라톤입니다. 선생님은 이제 60대 초반이며 요즈음 100세 인생이라 합니다. 남은 구간을 꾸준히 달리면 낙오하지 않고 마라톤을 마칠 수 있는 것처럼 앞으로 남은 세월 동안 최선을 다해 보세요 분명 좋은 날이 올 것입니다."라며 위로의 말을 전했다.

나는 다시 고소인 친구에게 피의자가 서울 근교에 전세로 살면서 택배

일을 하고 있으며 꼭 절반이라도 갚는다고 말하며 돈 때문에 좋은 친구도 잃었다며 울먹였다고 전하니 한참 동안 피해자는 아무런 말이 없었다. "여보세요, 여보세요" 하고 몇 차례 확인하니 그때서 "선생님 사실은 저의 사업 초기에는 음식점을 하는 그 친구한테 신세를 많이 졌어요. 가끔씩 우리 가족을 불러 회식도 시켜 주어 지금도 아이들이 옛날에 우리 가족 회식 자주 시켜 준 아빠 친구 지금은 어디 사느냐"고 묻는다고 했다. 나는 이때다 싶어서 "혹시 그 친구 돕는 셈치고 원금도 안 되지만 한 1,000만 원으로 합의할 수 있느냐"고 물으니 깜짝 놀랄 답이 돌아왔다. "선생님 부끄럽습니다. 제가 내 입장만 생각한 것 같아요 지금은 제가 살 만한데… 그 돈 이미 없는 것으로 생각했으니 전혀 안 받으면 그 친구 자존심상 받아들이지 않을 것 같아서 500만 원이면 합의할게요. 그 친구와 그 돈으로 해외여행이라도 다녀오겠습니다. 다만 해외여행 이야기는 비밀로 해 주십시오." 하는 것이 아닌가! 나는 내 귀를 의심하며 "정말 그렇게 하시겠습니까? 옛말에도 '어려울 때 친구는 잊을 수 없다' 하였지요 그 친구 또 울겠네요. 빨리 그 친구에게 알릴게요." 하며 전화를 끊었다.

피의자인 친구에게 고소인 친구가 전하는 말을 전하니 아니나 다를까 그는 울먹이며 "제가 빌려서라도 한 달 내에 처리하겠습니다." 하였으며 한 달 후에 합의금을 입금하여 조정을 성립 처리할 수 있었다. 아마 그 친구들은 옛 친구로 복원되었을 것이며 해외여행도 머지않아 다녀올 것이라고 믿으며 나도 이런 친구가 있었으면 하는 생각이 들었다.

빈천지교불가망, 조강지처불하당(貧賤之交不可忘 糟糠之妻 不下堂)이라는 말이 떠올랐다. 즉 가난하고 어려울 때의 친구는 잊을 수 없으며, 어려운 시절을 함께 지낸 배우자는 버려서는 안 된다는 뜻이란다. 우리는 너무나 쉽게 옛날의 신의와 의리를 잊거나, 젊을 때 어렵게 살며 가정을 일으키고는 살 만하게 되어 쉽게 이혼하는 달면 삼키고 쓰면 뱉는(감탄고토, 甘呑苦吐) 모습이 아닌지 하는 자기 성찰이 있어야 할 것이다.

글을 마치면서 평소 이런 생각을 한 것이 떠올랐다.

누군가는 인생을 일장춘몽(一場春夢)이라며 한바탕 봄꿈이라며 인생의 무상하며 꿈처럼 허망하다고 했지만 나는 꿈처럼 빠르게 지나가지만 허망하지는 않다고 생각한다.

나는 우리 모두는 인생이라는 무대에서 자기가 주인공이 되어 살고 무대에서 내려온다고 생각한다. 자기가 주인공인 인생이라는 무대를 성공적으로 마치고 내려오기 위해서는 주인공 본인의 삶의 역할을 잘해 내야 한다는 것이다. 대학시절에 읽은 에세이가 떠오른다. "나는 큰 시계의 작은 나사못이다"라는 말이다. 우리가 사회의 일원으로 아무리 작은 역할이라도 자기 역할을 하지 못하면 사회는 잘 돌아가지 않는다는 것이며 그 부속이 고장이 나면 수리해 써야 되고 그것도 안 되면 다른 부속으로 교체해야 하듯이 아무리 작은 역할의 사람이라도 그 역할이 없어서는 아니 되며 그 역할을 다하도록 하기 위하여 필요한 경우에는 법적인 제재와 교정(矯正)을 하는 것이라고 생각한다.

이 책을 읽은 어느 한 사람이라도 자기 인생의 무대에서 자신의 역할이 아무리 작은 역할이라 해도 이를 책임성 있게 아름답게 하려고 노력하여 인생이라는 긴 마라톤을 이웃과 함께 사랑을 베풀며 행복을 느끼며 감사하며 꾸준히 달리자 하는 생각을 하게 한다면 더 없는 기쁨과 보람이라 하겠다.